LOVE LESSONS FROM CATS

CONTINUING CONVERSATIONS WITH OUR FELINE FRIENDS

KATE SOLISTI
ケイト・ソリスティ 著
MISAE K. JENNINGS
三早江・K・ジェニングス 訳

あの世のネコたちが教えてくれたこと

天国から届いたスピリチュアルな愛のメッセージ

感謝の言葉

この本を、日本の読者の方たち、そしてネコが大好きな方たちに届ける手助けをしてくれた、翻訳者の三早江《みさえ》・K・ジェニングスと、ハート出版の皆さまに感謝いたします。

ネコの霊団へ、その英知と導きに。

インタースピーシー・コミュニケーター（訳者注：人間以外の生きものとコミュニケーションをとれる人）として、この二〇数年間に出会った、すべてのネコたちに。そのネコたちを、よりよく理解するために、私に連絡をしてくれた人たちに、深く感謝します。

今、私と共にいる、三匹のネコたち――かしこくて愛情深いアズール、繊細で優しく、美しいリリー、そして、その仏様のような性格で、すべてを受け入れ、行く先々に愛を振りまくサイモンに、感謝の言葉を贈ります。

はじめに

人間が、小さな集落を作って生活をしていた頃から、動物たちは、私たちと共にいました。数千年ほど前、ある砂漠の村で、小さなネコ科の動物が、村人の天敵である毒ヘビを退治し始めました。人々は、人間と共に生活しても野生的な本能を失わない、この生きものの能力に驚きました。どうしてネコたちは、こうして村人のために野生の世界を離れ、私たち人間と共にいることを決めたのでしょう?

ネコたちは、常に人間の好奇心をかき立ててきました。人間は、こと、ネコに関しては、好きか嫌いか意見がはっきり分かれていて、どちらでもない、という人は、あまりいません。

これまでの歴史の中で、ネコたちは、作家や詩人、作曲家や芸術家たちを魅了してきました。古代エジプトでは、数千年にわたってネコが崇拝されましたが、中世ヨーロッパでは、逆にひどい迫害を受けました。この小さな生きものの、何が、これほどまでに人間の極端な感情を引き起こすのでしょうか？

この本の中での「会話」は、ネコ自身との会話です。質問に対して返ってくる答えには、驚くような内容のものが多く、読み進めるほどに、ネコの謎や神秘性を理解することができるようになるでしょう。

人間と共に生活をするネコたちは、もとは砂漠に生息していて、エジプトのナイル川ぞいの集落の人間と生活を始めた、小さなネコたちの子孫です。この野生の「ハンター」は、どうして私たちと一緒に住むようになったのでしょうか？　この生きものは、いったい何者なのでしょうか？　本当に私たちの「仲間」なのでしょうか？

あるとき、テレパシーによる会話で、ネコがこう言いました。「私たちは、エジプトで、ネズミを捕るのが得意だからとか、見た目が美しいからという理由だけで、崇拝されていたわけではありません！」

どうやら、それ以外に、何か、エネルギー的なもの、スピリチュアルなもの、人間にとって特別なものがあるようです。あなたのネコは、あなたに何をもたらしてくれますか？

この本の中でとっているネコとの「コミュニケーション」とは、ネコの頭脳、身体能力、本能、そして習性の限界を超越したものです。この本は、私たちが住む惑星の、植物、鉱物、水、そして、すべての生きものに作用する、「神の意識」に耳を傾けるものです。

それぞれの生きものが、それぞれの形で、神の意識を表現しています。

この本の中で私は、個々のネコと個別に対談したわけではなく、ネコという生きものを知るために、ネコたちの魂を司《つかさど》る「霊団」と交信しました。

交信は、魂どうしがつながり、言葉が必要ない世界でおこなわれました。

神の存在は、「愛があれば、種の異なる生きもののあいだでも、コミュニケーションと理解が可能である」、ということろに示されています。

ただし、ここで私が得た知識が、すべてのネコに当てはまるものだとは思っていません。私は、あくまでも情報を受ける「媒体」でしかなく、そのときに受け取れる情報を受け取る、「レシーバー」でしかありません。ここで得た知識（情報）は、私たちの日々の生活で生かしてこそ、その価値が分かるのです。

この本は、読者のみなさんに、ネコという生きもの固有の魂や、肉体的、精神的、意識的なレベルを紹介するものです。人間がそうであるように、ネコたちも、それぞれの意識レベルは異なります。この本は、ネコを深く「理解する」ための本であり、ネコを飼うための参考書ではありません。

人間がつちかった自然界との関係、そして、いかにして人間がほかの生きものや母なる大地から離れ、孤立してしまったかという話が、世界各地で、古くから語り継がれています。そのひとつに、人間が忘れてしまった心を取り戻す手助けをするために、三種の動物が私たちと共に生きていく道を選んだ、という話があります。以下がその話です。

この世の初めに、すべての生きものの代表者のミーティングがありました。ミーティングには、虫、鳥類、爬虫類、哺乳類、有袋類、人類など、ありとあらゆる姿をした、美しい神の創造物が出席していました。

どの生きものたちも、形あるものとして生命を経験し、それぞれが学んだことを、ほかの生きものと共有することによって、自分たちのこと、そして神のことを、よりよく理解しようと話し合ったのです。

たとえば、アリは、植物と協力し合うことを学ぶための形を選び、ザトウクジラは、水と音の相互作用を探求するために歌を歌うことを選び、タカは、高速飛行することで大気を探求することを選びました。私たち人間は、言葉を話す能力、手先の器用さ、優れた頭脳を探求することを選びました。

始めは、みな、心のつながりを保ち、一つの家族のようでした。それぞれの肉体を持つことによって、新たに得た経験と知識を共有し合うことを楽しんでいました。ところがある日、人類は、このミーティングに戻ってこなくなりました。

私たち人類は、自分たちのことしか考えられなくなり、お互いの経験を共有するという約束を忘れました。自分たちはほかの生きものより優れていると思い始め、一つの共同体だということを忘れ始め、やがて、人間とほかの動物との亀裂は深まっていきました。

ほとんどの動物たちが、それぞれの道を歩んでゆく中、三種の生きものが、人類とほかの生きもののあいだにできた溝を修復しようと、踏みとどまっていました。

最後の分かれ道に立たされたとき、これらの生きものは、自分たちの意思で、ほかの動物たちから離れ、人類と共に生きていくことを決めました。私たち人類を原点に導き、ほかの生きものとのつながりを取り戻し、愛を取り戻すことを望みながら。

この三種の生きものとは、イヌとネコとウマです。私たちが望めば、彼らが、私たちの本来あるべき姿を、思い出させてくれるのです。

この本は、私たちが、神の英知、そして慈悲の心と、再びつながる手助けとなるでしょう。ネコたちは、そのために、私たちと一緒にいるのですから。

どうか、そのことを忘れないでください。

ケイト・ソリスティ

あの世のネコたちが教えてくれたこと

❊

もくじ

感謝の言葉
001

はじめに
003

第一章
ネコとあなたの
コミュニケーション・レッスン
013

第二章
すべての生きものと
会話するためのドア
021

第三章
あなたたちネコのことを
もっと教えて
039

第四章
ネコとネコの生活。
ネコと人の生活。
067

第五章
どうしてネコは
そんなことをするの？
089

第六章
ネコたちが暮らす
ちょっと不思議な世界
115

第七章
体のこと・
健康のこと
127

第八章
ネコたちがくれた
スピリチュアルな教え
151

ネコと共に
192

訳者あとがき
194

第一章

ネコとあなたの
コミュニケーション・レッスン

ネコという生きものを知らずして、どうして哲学者といえよう？

ヘンリー・デイヴィッド・ソロー

歴史を振り返ってみると、人間は、先人や賢者から数多くの恩恵を受け取ってきました。しかし、これらの指導者たちがいかに優れていても、いかに進化していても、同じ人間だということに変わりありません。彼らの中に、ほかの生きものの見解や体験を理解していた人が、どれだけいたでしょう。

今日《こんにち》、私たち人間は、お互いを深く理解し合うためには、ほかの国の言語を学ぶことが不可欠なことを知っています。それなのに、「ほかの生きもの」の言語や文化を学ぼうと思う人は、ほとんどいません。

もし、私たちが、ほかの人間が話す言葉を学ぶのと同じように、ほかの生きものの言葉を学ぶことができるとしたら、どうでしょう? それこそ、私たちの視野を広げ、世界の認識が劇的に変化するとは思いませんか? 人間以外の生きものの見解に心を開けば、どれだけたくさんのことが学べるでしょう?

例えば、ほかの生きもののことを理解することで、人間の聖なる部分を見つけ出すことができるかもしれませんし、動物が、私たちのことや、私たちの住む世界を、どう思っているか知ることで、私たち自身のことや、私たち人類がほかの動物や地球と、どういう関係にあるのかを学べるかもしれません。

考えてみてください。動物好きの人や、動物と一緒に生活している人は、彼らと常にコミュニケーションをとり合っているでしょう？　あなたのネコは、背中を弓なりにそらしたり、ゴロゴロと喉《のど》を鳴らしたり、野生的な目つきをしたり、ドアの前で鳴いたり、足に体をこすり付けたり、あなたの鼻にキスをしたりしませんか？

そんな時、あなたは、ネコが何を伝えようとしているか、ちゃんと分かるでしょう？たとえば、意味ありげにシッポを動かしたり、彼らの気に入らないことをしたときに、あなたの頬を前足で叩いてきたり、さらには、もっと些細な合図も理解できたりするのではないでしょうか。ネコがあなたたちに送っている、こうしたユニークなメッセージに注意を払ってください。彼らが、いかに上手《じょうず》にメッセージを伝えているかが見えてきます。

あなたは、ネコに優しい声で話しかけたり、あなたとあなたのネコが使う、特別な話し言葉があったりするのではありませんか？　今、共に暮らしているネコは、あなたがこれまでに出会ったネコや、かつて生活を共にしたネコと、何が違うのでしょうか？

それでは、あなたが、あなたのネコと、どれだけお互いを理解し合っているか考え始めたところで、次に進みましょう。あなたたちは、お互い、常にコミュニケーションをとることができていると仮定して、ネコを観察してみてください。

人なつっこいネコに出会うと、まず、ほとんどの人間は、ネコに触ります。美しく、やわらかい毛並みは気持ちよく、ネコは、私たちに触られるのを喜び、私たちの手に背伸びをして、顔や体をこすり付けてきます。

次に、何度も聞きたくなる、優しくて愛らしい音色《ねいろ》が、ネコの中から聞こえてきます。ネコが、あなたの膝に飛び乗り、あなたに撫でてもらいながら喉をゴロゴロ鳴らすとき、あなたは、自分が特別な存在であると感じます。このときネコは、私たち人間に与えている影響を理解しているのでしょうか？　私たちをどのような気持ちにさせているのか、知っているのでしょうか？　あなたはどう思いますか？

これからは、ネコを触るとき、どう触っているか意識してください。いろんな撫で方や触り方、触る強さや速さに、彼らはどう反応するでしょうか？　例えば手を、ネコの体のすぐそばで止めていたら、どうするでしょうか？　体に直接触っていないのに、あなたの手を感じ取っているのが分かりませんか？

あなたのネコが、あなたにどう反応しているか、注意深く観察することで、お互いの微妙なコミュニケーションにも気を配れるようになります。そして、こうした練習を重ねることで、より深い「認識」へと発展するのです。

まず、シンプルではっきりとしたメッセージを意識しながらネコに触り、コミュニケーションをとることが、お互いの関係を、より素晴らしい関係へと導いてくれます。さらに、そこに愛を加えることが、自分自身を知り、ネコの本質を理解することに、つながるのです。

ほかの生きものとコミュニケーションをとるのに一番の障害は、「動物と話をすることなど無理だ」、という考えが、私たちの中に植えつけられているということです。

しかし、アメリカ先住民の文化では、動物だけでなく、自然界すべてと、コミュニケーションをとれると信じています。それだけでなく、すべての生きものとバランスを保ちながら生きていくためにコミュニケーションをとることを、尊重し、大切にしています。

社会の「常識」が、ほかの生きものとのコミュニケーションは不可能だと唱える中で、それが可能だと信じるには、集中力と努力の積み重ねが必要です。

さて、こうして、これまでの固定観念を脱ぎ捨てられたら、次に、静かにくつろいでいるネコの邪魔にならない距離を見つけて、彼らの横に座ってみてください。

すぐそばにいるのを好むネコもいれば、邪魔されずに寝ていたいので、距離をおきたいと思うネコもいます。この、「距離」を観察してみてください。

あなたのネコが、あなたの存在をどれくらいの距離まで受け入れ、どれくらいの距離で居心地が悪くなるか、よく見てみてください。

そして、あなた自身のエネルギーは、おだやかか、興奮気味か、自分で感じてみてください。おそらく、あなたのエネルギーがおだやかな方が、ネコはあなたを受け入れやすいでしょう。

次に、今度は、ただ座って、あなたのネコと、あなた自身を観察してみてください。

普通、人間にとって、何もしないでただ座っているのは、かなり難しいことです。いろいろな思いが、頭をめぐり始めてしまうでしょう。そんな時、そっとネコを観察してみてください。

部屋には太陽の光が差し込み、静寂あるのみです。考えごとを始めたり、外の雑音に気が散り始めたりしたら、意識を、あなたのネコに、そして、あなたの呼吸に向けてください。ネコのおなかがリズミカルに上下しているのに、気づいたことがありますか？　同じようなリズムで、あなたも、おなかから深く呼吸をしてみてください。

ネコのことを学ぶには、まず、何もせず、ただそこに静かに座ってみることです。練習を重ねれば、徐々に、あなた自身、そして、ネコに対する感受性が、豊かになります。一日に数分でも、「ネコのように」時間を過ごすことによって、あなたは、どんどんネコのことを理解できるようになるのです。

さて、あなたは、こうしてネコと一緒に時間を過ごし、ネコのようになる練習を始めた今、彼らにどんなことを聞いてみたいですか？　たくさんの人たちが聞きたいと思っている、リクエストの多い質問がありますので、まずは、そこから始めてみましょう。

この後、第三章以降に書かれている内容は、スピリチュアルなものや、ごく日常的な質問に対する、ネコたちからの回答ですが、その答えの内容に驚くかもしれませんよ。

でもその前に、次章で、どうして私が、こうしてネコたち、そしてネコの霊団と話ができるようになったのか、まずはその経緯について、お話ししておきたいと思います。

第二章

すべての生きものと会話するためのドア

ネコは芸術作品です。そのものが、素晴らしい芸術品であるだけでなく、
あなたと一緒に生活し、膝に乗り、喉をゴロゴロ鳴らすのです。

ジェイン・ブライアント・クイン

ネコは、神とのつながりを失ったり、忘れたりしたことは、一度もありません。何世紀にもわたって、イエス、釈迦、モハメッドなどの指導者が、私たちが神とひとつであることを語ってきましたが、私たち人類は、いまだに、その真実を受け入れられないでいます。でも、動物たちは、その真実を実感しています。

ネコたちは、私たちと同じく、喜び、痛み、楽しみ、悲しみなど、肉体を持っているがゆえに感じることを体験します。けれど、私たちと違うところは、一瞬たりとも、神との一体感を忘れることがない、というところです。

ネコたち自身は、そのことに気づいているのでしょうか？　もちろんです！　ここで、私のネコが教えてくれたことをお話ししましょう。

ネコの名前は、ダスティといいました。このダスティとのエピソードが、私と同じような体験をしたことがある人の琴線に触れ、あなたたちが、動物、そして自然界と深くつながっていたときのことを思い出す手助けとなることを願って、お話しします。

もしかしたら、そうしたことを思い出すことによって、つらい思い出から心が癒《いや》され、あなたたちが再び心を開き、動物や自然界とつながる助けとなるかもしれません。

私が三歳の頃の話です。私は、生まれつき、動物の声を聞くことができました。動物が考えていることや気持ちを、「聞き取る」ことができたのです。自分が考えていることや、感じていることを、動物に伝えることもできました。

動物たちと会話ができるだけでなく、植物や木とも、共感し合えました。

私にとってそれは、とても自然なことでしたが、そのうち、家族の中で、これは私だけの特別な能力なのだと分かりました。

そして、人間たちの心を読み取ろうとすると、人間には、植物や動物はもちろん、同じ人間に対しても、心に大きなドアのようなものがあるのが分かりました。

私には、どうしてみんなにはこのような「心のドア」があり、私にはそのドアがないのか、理解できませんでした。まだ幼《おさな》かった私には、まだ、それを確認することができなかったのです。

だから、私の話を理解し、愛情を持って受け入れてくれるものと思い、自分の体験を、みんなに話し始めました。

始め、両親は、微笑《ほほえ》みながら、私がバラの花や虫たちとしている会話は、私の空想だと言っていました。ある日、母が、友人を招いてお茶会を開き、私は、そのお茶会に参加している女性たちの「会話」ではなく、「心の声」を聞いてみました。私は、それに大変ショックを受けました。

お茶会が終わったあと、私は母に、ある婦人が、本当は夫のことを嫌っていると伝えました、彼女の心の声はそう言っていたからです。

「そんなことはありません！　どうしてそんな馬鹿げたことを言うの⁉」

母は、私の言い分を聞く気もなく、私は悪い子で間違っていると、口では言いませんでしたが、心の中でそう思っているように感じました。

この頃から両親は、私のことを、今までとは違った目で見始め、同時に、心配し始めました。私は困惑し、自分は、ほかの人間と違うのだということに不安を感じ始め、植物や動物たちとの会話について、口にするのをやめました。

同じ年の一一月、父が突然、私に小さなオレンジ色のトラネコをくれました。私は、ひと目で彼を大好きになりました。

このネコ、ダスティは、すぐに「心の言葉」で、私に話し始めました。

ダスティは、私と一緒に時間を過ごすために、そして、私が植物、木、鳥、爬虫類、虫たちと通じ合っている体験を、共有するために来たのだと言いました。そして、このことは両親には言わない方がいい、と言いました。彼らは、私やダスティのように、そうしたことを理解する心を持っていないのだと。

私は、安心すると同時に、少し悲しい気持ちになりましたが、ダスティが一緒にいてくれることを、本当に嬉しく思いました。

ダスティと私は、片時も離れることはありませんでした。二人だけのお茶会を開いては、一緒にミルクを飲み、ときには、人形のドレスを嫌《いや》がらず着てくれ、彼を、乳母車《うばぐるま》に乗せて歩いたりしました。夜は、私のベッドで一緒に寝ました。

ある日、私と一緒にお風呂に入ろうと、湯船に飛び込んできたのですが、お湯に浸かった瞬間のダスティの顔は、今でも忘れられません。ダスティは恥ずかしくてたまらなかったようですが、なんとか威厳を保ちながら、その場を去りました。

大人たちは、私たちの仲のよさを見て、ダスティは、ネコというよりもイヌのようだね、と言っていました。

そんな、ダスティと一緒に庭で過ごした時間は、本当にかけがえのない時間でした。一緒に庭に座って、ありとあらゆる生きものと話をしました。

バラたちが、どれほど太陽を愛しているかとか、どうやってカメが天気を予測するのか、といったことを学びました。

ダスティは、私が聞いた質問には、必ず答えてくれました。それは単に、一人の少女と一匹のネコの会話ではなく、少女とネコの体の中で生きていた、二つの「魂」のあいだの会話であり、私たち自身は、まるで一つの魂を共有しているかのように感じていました。

ほかの動物や植物とつながったときにも、同じ一体感を感じました。私は、動物たち、植物たち、そして自然界の無条件の愛に囲まれて、本当に幸せでした。

五歳になり、私は、幼稚園に通い始めました。幼稚園では、話し言葉だけでコミュニケーションをとらなくてはいけなかったということ以外、ほかの園児のこととか、あまり覚えていません。ほかの園児たちも、大人たちと同じく、私の心の声は聞こえていませんでした。彼らは、適応するために心を閉ざすことを学んだか、生まれつき、私ほど心のドアが開いていなかったのかもしれません。そんな中、ダスティと一緒に過ごす時間が、私にとって、一番の喜びでした。

小学校に入学すると、ダスティは私に、もっと学校生活を楽しむようにと言いました。私は人間なのだから、ほかの人間と時間を過ごす必要があるのだというのです。

ダスティのアドバイスに従い、そのうち、読書や芸術や音楽を楽しむようになりました。担任の先生は、優しく愛情深い人で、私を支え、励《はげ》ましてくれました。

ダスティと私の心のあいだには少し距離ができ、ダスティは、私と過ごす時間よりも、外で過ごす時間が増えてきました。

ある夜、私が眠りにつくころ、ダスティがベッドに飛び乗ってきました。私のそばに丸まって、喉をゴロゴロ鳴らしながら言いました。「君はよく頑張った、誇りに思うよ。これで僕の役目は終わりだ」

私は、何事もなかったかのように、笑顔を浮かべながら眠りにつきました。

翌朝、ベッドにダスティの姿はありませんでした。私は、洋服を着替え、一階に降りていきましたが、そこにも、ダスティの姿は見当たりませんでした。

嫌な予感がしながら朝食を食べ、学校に行くために、母と妹と車に乗りました。家を出て、大通りに差しかかったとき、道路の脇の何かに目を引かれました。

母は「あっ！」と息を呑みました。「何？　何を見たの？」私は問い詰めましたが、母は「何でもないわ」と答えるだけでした。

学校に着くまでのあいだ、私は母に何を見たのかを聞き続け、学校に着いても、私は、車を降りるのを拒みました。すると母は、ついに、私が恐れていたことを口にしました。

「道路の脇で見たのは、ダスティだったと思う……」

私は、走って教室に向かい、恐怖と悲しみで、その日のことは、ほとんど覚えていません。思ったとおり、両親は、学校から帰宅した私に、車にひかれたダスティを道路脇に見つけたと言い、父は、ダスティの青い首輪を手渡してくれました。首輪の鈴が一つ、つぶれていました。

「ダスティに会いたい！　どこにいるの⁉」私は叫びました。

「裏庭の隅に埋めたよ。おいで、一緒に会いにいこう」と父は答えました。

私は呆然としたまま、父と手をつないで、ダスティのお墓に向かいました。

父は、木で十字架を作り、地面に打ち込んでくれていました。私は胸がいっぱいになり、涙が頬を伝ってこぼれ落ちました。

どうしてこんなことが起こったの？　どうしてダスティは死んでしまったの？

父は、私を慰めようとしましたが、私は泣きやむことができませんでした。何日も悲しみに暮れ、友だちも両親も、私の心を癒すことはできず、私は、孤独感でいっぱいでした。ダスティと話そうとしても、もうダスティの声は聞こえませんでした。

まもなくして、私は扁桃腺を患《わずら》い、それから数カ月にわたって、どんどん体調が悪くなり、もう死んでしまいたいとすら思うようになりました。

母は、病気を境に、明るかった娘が別人のようになってしまったと言っていましたが、病気が原因なのではなく、親友を亡《な》くしたことが原因だったのです。

やがて、扁桃腺を取り除く手術をすることになりました。私は、たった一人きりで、家から遠く離れたところで死んでしまうのだと思い、恐怖におびえていました。

病院は、寒くて怖いところでした。ところが、麻酔にかかり、眠りにつくと、ダスティの死後、初めて、安心感を感じることができました。「ある存在」が、私を愛情で包み、優しく守ってくれたのでした。

誰かが私を腕に抱いているように感じ、大丈夫だと確信させてくれました。やがて、自分が暖かい動物の毛に添い寝しているのに気づき、懐かしいニオイがしました。ダスティだったのです。

「君には、これから、やらなければならないことがあるんだ。今はまだ、こちらに来るときではない。僕は、いつでも君のそばにいるよ」

ダスティは私を安心させ、人生の次の段階に進む手助けをしに来てくれたのでした。

目が覚めると、母が私を見下ろしていました。手術は無事、終わりました。

私は、愛する家族のもとに帰りました。外出できるほど回復すると、私の中のすべてが変わっていました。私は、故意に、動物や植物との交流を避けるようになりました。心に大きな「ドア」を築き始めたのです。

私の心がダスティから離れたために、ダスティは死んでしまったのだと思い、その罪悪感もありました。私は、感受性を鈍《にぶ》らせ、世の中に適応しようとしたのです。

そうして、八歳になる頃には、動物や植物の声を聞くという能力は、なくなっていました。周りの人間のように生きる必要があるのだと、納得したのでした。つまりそれは、「人間以外の世界」との離別でした。これで、みんなと同じようになれる。なによりも、もう以前のように、物事を深く感じ取らなくていいのだから――。

一二歳の時に、重度のアレルギーと喘息《ぜんそく》を患いました。検査の結果、私は、重度のネコアレルギー体質だと記されていました。ある意味、これで、私の「ドア」は完成しました。もう、二度とネコに近づくことはできないし、彼らを失う悲しみと痛みもないのです。

その後、ダスティのように、ネコに心を許すことはありませんでした。それどころか、ほかの人間にも、心を許すことはありませんでした。

一九七〇年～一九八〇年代には、心に持ち続けていた動物や自然への愛を、自然保護運動に注ぎました。そして、ワシントンＤＣ郊外の町に住み、環境保護団体で働いているとき、「その時」は、やってきました。

青春時代にありがちな、心の葛藤と向き合うため、私は、心理治療に通うことにしました。過去を断ち切ろうとしたのです。

治療を始めて数カ月後、私は、自分で自分の中の一部を切り離していたことが分かりました。社会的に成功するために、直感的な部分、女性的な部分を遠ざけ、拒否していたのです。でも、この遠ざけていた部分が、心の傷を癒し、本当の自分になるために重要な部分だったのです。

私が、直感的、女性的な部分を、再び感じ、受け入れ始めると、不思議なことが起こり始めました。近くの小川への散歩中、「声」が聞こえてくるようになりました。木々が私に、ささやきかけているようでした。

私はそのとき二八歳で、やりがいのある仕事を持ち、結婚していました。正気であることは確かでした。それどころか、木々が私に話しかけてくることが、とても自然なことに感じられたのです。これほど愛情を感じられることが、間違っているはずがないのです。でも、木と話をするなど、理性的に考えるとありえません。実はそのとき、子供の頃に木の声が聞こえていたことは、覚えていなかったのです。

ダスティと会話ができたときのことは、なんとなく思い出し始めていたのですが、ダスティだけでなく、ほかの人間以外の生きものと話していたなんてことが、本当にありえたのかどうか、自分でも半信半疑の状態でした。

私の知っている限りでは、動物や植物とコミュニケーションをとれるのは、アメリカ先住民です。アメリカ先住民は、動物、木、植物、石、小川、大河、海、すべてが意識を持っていて、聞く意思さえあれば、コミュニケーションをとることができると考えます。

「自然界は人間と家族のようにつながっている」ということが美しい言葉で書き表されている、彼らのコミュニケーションについての本を読むにつれて、私の心のドアが開き始めました。本を読みながら泣き、笑い、動物と植物は、本当に人間とコミュニケーションがとれるのだと、心の底から理解できたのです。最高に幸せな気持ちでした。

しかし、残念ながら、私にはアメリカ先住民の血が一滴も流れていないのです。やっと私のことを理解してくれる人たちを見つけたのに、私は、彼らの種族に属さないのです。どうして私は、自分のルーツではなく、アメリカ先住民のように生きたいと思うのでしょうか？　アメリカ先住民の文化では、木とコミュニケーションをとるということが、受け入れられているだけでなく、高く評価されますが、私の生まれ育った文化では、私は単に、頭のおかしな人間だと思われるのです！

どうして、私には、この能力があり、いったい、私は、この能力をどう活用すればいいのか？　でも、当時、この能力のことを誰かに話すたびに、周りの人間の不信感や疑念を生むばかりだったので、この能力のことは、自分ひとりの胸にしまっていました。しかし、私は、引き続き、この能力を養成し続け、より理解を深めていきました。そうしないでは、いられなかったのです。

すべての文化は、自然を崇《あが》める信仰から始まりました。私の祖先は、北欧がルーツなので、ケルトや、古代スカンジナビアの宗教や神話についての勉強会に参加することに決めました。

ドルイド僧のストーンヘンジがよく知られているように、古代スカンジナビア人は、木々は聖なるものであり、木々に祈りを捧げることにより、アドバイスやインスピレーションを得られると信じていました。私は、木々と一緒に瞑想することを学びました。それにより、集中力が能力の開発に役立つことが分かり始めました。

さらに、強い感情を持つと、感じ取る能力を低下させるということも学びました。

私は、徐々に、すべての生きものとつながるとはどんな気持ちか、思い出し始めました。すべての生きものがつながっていることは確かです。ネコのダスティは、そのことを認識させるために、信頼と愛情をもって、しっかりとした基礎を養ってくれました。

ダスティと出会っていなければ、私は自然界とコミュニケーションをとる能力を封じ込めてしまい、二度と、そうした能力や過去の記憶を取り戻すことはなかったかもしれません。ダスティは、愛、そして神との懸け橋だったのです。

では、どうすればこの愛に波長を合わせることができるのでしょうか？　まずは、心の目を覚まし、今という瞬間に心をとどめることです。では、どうすれば、日々、その瞬間に心を置くことができるのでしょうか？　ネコたちを見てください。彼らは、間違いなく、その瞬間に心が集中しています。

例えば、あなたが子ネコに一本の毛糸をちらつかせるとき、彼らが、どう集中するか見てください。「あの毛糸が、つかめたらいいな……」などと思いを巡らせるのではなく、「あっ、毛糸がある！」と、飛びかかるはずです。

一方、ほとんどの人間が、両親や周りの人間の経験に囚《とら》われ、過去に縛られて生きています。逆に、未来だけを見つめて生きている人たちもいます。

「いつ、運命の人と出会う日が来るのだろう？」「明日、上司に話をしよう」「来年、子供たちを楽しい旅行に連れて行ってあげよう」「退職後に必要な資金が貯まらなかったらどうしよう?」

過去や未来ばかり気にして生きていると、「今」から完全に切り離された状態になってしまいます。今、自分で幸せを作り出す代わりに、幸せを捜し求めているあいだに、人生が目の前を通り過ぎてしまいます。

何かを捜し求めている以上、今それがここにあるはずがないのです。

ふだんあなたが口にする言葉に、注意してみてください。あなたは、いつも本心を口にしていますか? それとも、「次のお給料から貯金を始めよう」とか、「いつの日か、もっとお金を稼ぐぞ」などと口にしていませんか?

「いつか」は「今」ではありません。そこで、ネコからヒントを得てみましょう。

未来形を、現在形の言い方に変えてみてください。「いま必要で、欲しいだけのお金はある。自分の夢見た人生を歩んでいる」と言ってみるのです。何度も言っているうちに、本当にそうなってくるのです。

今を生きるには、与えられた、すべての能力を使う必要があります。感情や直観力を含めた、すべての感覚を活用し、ゆっくりと香りや味を楽しみ、立ち止まって耳を傾け、周りの美に目を向けましょう。

人生でどんな体験をするか、あなたには選ぶことができるのです。

ネコたちに、人生の生き方を教えてもらいましょう。きっと、学ぶことがたくさんあるはずですよ。

第三章

あなたたちネコのことをもっと教えて

私はネコが大好きである。なぜなら、私は家を愛し、
ネコはその家を象徴する生きものなのだから。

ジャン・コクトー

これより先、質問は、私たち人間から、答えは、ネコの霊団からとなります。

どうして人間と一緒に暮らそうと決めたのですか？

お互いの魂の成長のためです。

数千年ほど前、私たちは、エジプト人の集落で、人間と一緒に生活を始めました。そこには、獲物となるヘビやネズミがたくさんいましたし、また、私たちは、人間が、本当にあるべき姿を思い出す手助けをすることに決めたからです。

あなたたちは、自分たちがどういう存在なのか、分かっていません。あなたたちは、無限の光と、美しいエネルギーからなる存在なのに、自然界とのつながりを絶ったとき、それを忘れてしまったのです。私たちは、あなたたちが自然界の一部であることを思い出させ、魂と体を癒し、肉体に宿している神聖なエネルギーに目覚め、再び神とつながる助けをするために、あなたたちと一緒に生活をしているのです。

ずっと外で生活したいですか？
それとも家ネコになりたいですか？

それは個人の好みですが、
やはり、人間と一緒にいたいです。

何千年も前、私たちは、人間と一緒に生きていくことを誓いました。私たちは、自らの意思で、自分たちの運命を、あなたたちに託したのです。人間と暮らし始めたころは、好きなときに内と外を出入りできていました。今でも、その自由を失うくらいなら、死んだ方がましだというネコもいれば、安全で安心して住める家と食事、愛情を注いでくれる人間がいれば幸せだ、というネコもいます。中でも、より多くの時間を人間と過ごすことを選んだネコは、一緒にいる人間の病気の治癒や、エネルギーの調和の手助けをしながら、自らの魂の成長に務《つと》めているのです。

中には、野良ネコとして生まれてくることを選び、自然界と人間社会のあいだで生きるという、厳しい環境を選ぶものもいます。彼らは、前世で野生動物として生き、ネコとして生まれるのは今回が初めてだという、進化の過程にあるものたちが多く、まず始めに野良ネコとして生まれ、ネコの肉体を体験し、ネコとして生きていく現実を学ぶのです。

彼らにとっては、家の中に住むのは苦痛であり、何度か野良ネコとして生まれ変わり、そのたびに、少しずつ人間との接触を増やし、やがて、人間と一緒に住んでいる母ネコのもとに生まれてきます。

そのほか、これまで何度もネコとして生まれてきたことがあるのに、あえてもう一度、野良ネコとして生まれてくるネコもいますが、その場合は、やがて、一緒に住む人間を探し、家ネコになります。それぞれが、自分にとって、一番よい生き方を選ぶのです。

私たちに、もっと、あなたたちのことを理解してほしいですか?

理解してほしいからこそ、私たちはあなたたちと一緒にいるのです。

この本を通じて私たちが伝えたいのは、私たちがどういう生きもので、どうやってあなたたちとコミュニケーションをとっているか、それを洞察し、理解してもらうことです。

これまで、私たちのことを理解してもらうために、いろんな手段を使ってきました。私たちの身振り、特にシッポ、目、耳に注意して見てください。正しい食事を与え、安全で心地よい家を提供してください。そして、私たちのエネルギーに気を配り、何に動揺し、何が喜びをもたらすのかに注意を払い、一緒に瞑想することを学んでください。

自分以外の存在を理解するには、心を静め、相手を敬《うやま》い、聞く心を持ち、注意深く観察をしなければなりません。

ただ、あなたたちにとって、私たちを理解する障害となるのは、「時間」という概念です。いつも時間に追われ、考え、走り回っていて、ゆっくりと立ち止まって、何もせず、その「瞬間」を感じている人は、ほとんどいません。

私たちは、「今」を生きるプロです。その私たちのように、「その瞬間を感じる」という時間をとってみてください。そうすれば、私たちのことを、もっと理解できます。

ゆっくりと時間をかけ、私たちの声に耳を傾けてくれれば、私たちのことを理解するのは容易なことなのですが、これがなかなか、あなたたちにとっては、難しいことのようですね。

私たちとコミュニケーションをとるために、人間の言葉を使おうとしますか?

たしかに、人間の言葉のようにも聞こえますよね。

私たちネコは、人間が反応する声色《こわいろ》を知っています。たとえば、哺乳類のあいだで共通して母性本能をかきたてる音色などです。

ほかにも、脳が聞き慣れた音色の出し方も知っています。人間の言葉のまねをして、あなたたちの注意を引き、私たちが、どれほどかしこいか、気づかせようとするネコも、たくさんいます。私たちは、自分たちが何をしているか、充分に承知しているのです。

あなたたちは、私たち人間よりも優れた生きものだと思っていますか？

そう思っているネコもいます。

実のところ、どちらがより優れているとか、かしこいとか、強いとか、成功を収めたとかいうことではなく、魂の自覚の問題なのです。

私たちは、魂のレベルで、自分たちが何者か、どうしてネコとして生まれてきたのか、どうしてあなたたちと一緒に生活しているのかを、理解しています。

私たちの多くは、まだ魂が目覚めていないか、あるいは目覚めつつある人たちと生活しています。中には、幸運にも、目覚めた魂を持ち合わせている人間と一緒にいるネコもいますが、どの経験も、私たちにとっては、価値ある経験なのです。

よそよそしくするネコがいるのは、どうしてですか？

個性の問題です。

私たちの生まれつきの姿・形や動きが、あなたたちから見ると、「よそよそしい」という印象を与えてしまうようですが、私たちはエネルギーに対して敏感なので、周りから距離を保つ必要があるのです。

あなたたちと親しく接するかどうかは、私たちが、周りの環境のエネルギーを上手に処理できているかどうかに関係しています。また、私たちの健康状態にも関係があります。健康で丈夫な体を保っていなければ、人間のエネルギーに対処することはできません。

通常、よそよそしいネコたちは、ドライフードや質の悪いものを食べているため、多様なエネルギーを処理するための充分な力を持っていないのです。

反対に、自分で食べものを捕まえたり、生の肉を食べたりしていれば、丈夫な肉体とエネルギーを持ち、もっと、人間とそのエネルギーを楽しむことができるのです。

男性の方が、あなたたちに恐怖心や嫌悪感を抱くことが多いのは、どうしてだと思いますか?

私たちのことをよく知らないために、恐怖心を抱くことが多いようですね。

私たちの存在が、神秘的であることは事実です。そして、それが恐怖心を抱かせる原因になってしまうのでなければ、私たちが神秘的な存在だと思われるのは、嬉しいことです。

私たちは、直観に優れ、感受性の豊かな人間を好みます。現時点で、その進化を遂げているのは、男性よりも女性の方が多いです。うわべを取りつくろい、自らの感情を拒み、主導権を握らないと気がすまない男性たちは、私たちネコが、「すべて見抜いている」のを感じるのです。

私たちには、すべて、お見通しです。私たちが何かを探っているように感じさせ、居心地を悪くさせることもあります。彼らは、その不快感の原因を、自分自身の中に見つける代わりに、私たちネコに投影するのです。

ネコを毛嫌いする男性には、気をつけてください。そういう男性は、自分の中の女性的な部分を受け入れられず、場合によっては、女性そのものを受け入れられず、嫌悪感さえ抱いています。

反対に、ネコが好きな男性は、自分の中の女性的、感覚的な部分と向き合っている人が多く、そうしたバランスが取れている男性は、女性にとって、素晴らしいパートナーとなるでしょう。

ネコアレルギーの人が多いのは、どうしてですか？

その人たちは、心のどこかで、人生を拒絶しているのかもしれません。

前にも話したように、私たちはヒーラーであり、常に神とつながっていて、細胞の一つ一つが神の存在を記憶しているのです。あなたたち人間の中には、神とのつながりに確信が持てず、いつも不安を感じている人や、不幸な子供時代を送ったために、思い通りの人生を生きることを恐れている人が、たくさんいます。

たとえば、喘息は、心理的、もしくは肉体的な抑圧を受けた場合に起こる、体の反応の一つです。子供が、心理的に抑圧を受けている場合、喘息という形で反応が出る場合があります。つまり、体が外から受ける圧力を、体の内側に取り込んでいるのです。外からの抑圧で息ができなくなるというのは、体内で息ができなくなるのと等しいのです。自分を、抑圧や過去の記憶から解放するとき、あなたの体は呼吸をし始め、生き始めるのです。これが、ネコアレルギーに関する、精神面における理由です。

私たちも、あなたたちと同じように、痛みを感じます、でも、私たちは、その痛みや苦しみのために、生きることをあきらめたりしません。私たちは、できる限り、精一杯に、生きる努力をします。

肉体的な面では、できるだけ、あなたたちの環境、食べもの、体内に存在する「毒素」を除去しなければなりません。

あなたたち人間は、自分たちが作り出した毒素と常に格闘していて、ネコに由来する毒素は、すでにストレスに苦しんでいる組織に、さらに悪影響を及ぼすことになるのです。消化器官、副腎、肝臓、腎臓を健康に保てば、アレルギーはなくなります。

あなたたちの体から、そして、地球から、毒素を除去してください、そうすれば、みながもっと元気になりますから。

来客があるとき、彼らに会いに出てくるときと、
隠れて出てこないときがありますが、
それはどうしてですか？
また、それを決める基準は何ですか？

すべて、エネルギーと関係しています。

私たちは、狩りの天才であり、身の回りの環境のエネルギーに、とても敏感です。日々、あなたたちと一緒に住む家のエネルギーの変化に対応しています。

私たちは、あなたたちのエネルギーの変動を感じ、あなたたちの機嫌《きげん》や、精神状態に応じて、バランスを整えるのです。そのスペースに新しい人間が訪れると、その人間のエネルギーが、一気にその場に入り込んでくるのです。

普段なじみのないエネルギーに、問題なく対応できるネコもいますが、中には、バランスを整えるのに四苦八苦するものも多く、そうした私たちの繊細なシステムへの影響を最小限に抑えるために、新しい人間との接触を避けることを選ぶものも、多いのです。短時間の滞在でいなくなる客の場合なら、なおさらです。

私たちが一緒に生活することを選んだ人間と、自分のエネルギーのバランスを整える上では、引力と反発力の原則が、大きな役割を果たします。私たちに不快感を抱く人がいると、磁石のように、妙に引かれます。何が彼らをそうさせているのかを知るために、わざと怒らせてみたくなります。

あるいは、不愉快そうにモジモジしている人がいると、より注意を引くために、ゴロゴロ喉を鳴らしたり、足元に擦り寄ったりするかもしれません。そして、その楽しさに酔いしれてしまうかもしれません。彼らが、私たちにどう対処するかを感じ取るのが面白いのです。

私たちを拒み、避けようとするのか。それとも、気が進まないものの、肩の力を抜き、私たちを撫でてくれるのか。もし私たちを撫でてくれたなら、私たちは、わずかながら、その人に、ヒーリングを施《ほどこ》すことができたことになるのです。彼らが緊張を解き、違った人生を歩む、希望の光が見えてきているのです。もし、私たちをあくまでも拒むのなら、彼らは頑固に、これまでと同じ考えのまま、人生を歩んでゆくでしょう。

このように、どの来客に会いに出てくるか、出てこないかを決める要因には、二つの要素があります。それは、「人間たち」と「私たち」です。

まずは、来客（人間）のエネルギーです。おだやかなものか、私たちに思いやりをもって接してくれるのか、同じ空間を共有できるのか？　その来客は、私たちのことを尊重してくれるか、興味を持ってくれるか、優しく迎えてくれるか？　あるいは、私たちの助けを必要としているか？

二つ目は、私たちがどういう気分かです。私たちが健康で、オーラが生き生きとしていれば、来客のエネルギーを調整し、同じ空間にいられる心地よい場所を見つけることができますし、気分がすぐれず、面識のない人に近づくのが気が進まない場合には、その来客に慣れるまで待つか、その人たちが帰ってしまうまで、隠れて出てきません。

来客が苦手なネコたちのために、してあげられることがありますか?

静かに、空気を乱さないよう、頼んでください。

人間の多くは、エネルギー全開で部屋に入ってきます。これは、ほかの人間に強い印象を与え、注意を引くには効果的なのでしょうが、ネコにとっては、あまりにも攻撃的な行動なのです。そのつもりがあってもなくても、自分のエネルギーを、その場にいるもの全員に押しつけているからです。

他人の空間に敬意を表し、静かに部屋に入れば、その空間のエネルギーの流れが歪められたり、強い衝撃を受けたりすることは、ありません。私たちも安心感を得ると同時に、尊重されていると感じます。

私たちが、あなたたちを自分の子供のように扱ったり、あなたたちのお父さん・お母さんのように振る舞ったりすることを、不愉快に思うことがありますか？

これも、個人の好みの問題です。

私たちは、あなたたち人間が、私たちのことを、自分の子供のように愛してくれることを承知しています。私たちも、子ネコのことを、言葉では言い表せないほど愛していますから、これはとても光栄なことです。あまりにも赤ん坊のように扱われた場合や、私たちが望む扱いを受けていない場合には、ちゃんとお知らせします。でも、常に人間に構ってもらわないと気が済まないネコは、あまりいません！

うっとりと、まぶたを閉じて開くしぐさをするときは、子ネコにキスを送っているのですか？

そんな感じです。

それは面白い解釈の仕方ですね。実は、私たちが、あなたたちを見つめながら、ゆっくりと目を閉じ、そして開いたときは、私たちが、あなたたちの存在に感謝し、あなたたちと共に過ごしている「この瞬間」を楽しんでいることを、伝えているのです。あなたたちが同じしぐさを見せたら、あなたたちが、私たちに同じメッセージを送ってくれていると感じます。

つまり、目を閉じて開くときは、あなたたちに投げキッスを送っているようなものですね。あなたたちを舌で舐《な》め、本当のキスで愛情を表現することもありますよ。

私たちが仕事中、あなた一人きりで留守番をすることを、どう思いますか？

構いません。

子ネコたちは、一歳になる頃まで、長い時間、一人きりでいることを好みません。幼い頃に一人ぼっちでいるのは、子ネコにとって、不自然なことなのです。

逆に、成長したネコたちは、自分たちにとって心地よい場所さえあれば、長い時間、ひとりきりでも大丈夫です。

私たちは夜行性の生きものですから、本来なら、日中寝て、夕方から明け方にかけて活動するのですが、これをあなたたちのスケジュールに合わせると、朝と、あなたたちが帰宅してから寝るまでの時間帯に、一緒に行動するようになります。

ですから、この時間はできるだけ、私たちと一緒に過ごす時間を取ってください。その時間がなければ、一緒に生活する意味がないですよね？

私たちがどこに行き、何時に帰ってくるか、教えてほしいですか？

はい！

きちんと時間をとって、状況を説明してもらえると、本当にありがたいです。近々予定しているイベントや、生活事情の変更など、前もって知らせてもらえると、事前にどう対応するか決めることができるので、ありがたいのです。

あなたたちが、毎日、何時に帰ってくるか、教えてくれると助かります。例えば、あなたちが帰宅時刻を伝えるとき、夜の六時だと頭にイメージを浮かべながら伝えてくれれば、どの六時か、充分、私たちに伝わります。

動物病院にいく前にも、どうして病院に行かなければならないのか、前もって説明してもらえると、本当に助かります。事前にそうしたことを知っていると、病院にいる他の動物たちに対応できるように、前もって自分のオーラを強化することができるからです。

いつ病院に行くのか、どうして行くのか、いつ家に戻ってこられるのかを前もって知っていると、回復に集中することができ、特に手術を受けるときには、とても効果的です。

もちろん、旅行に出るときも知らせてください。急にスーツケースが現れて、何の説明もないまま、あなたたちがいなくなるのは、嫌なものです。留守中にも、私たちと連絡を取ってください。私たちが大好きな場所にいる様子を想像してくれるだけでいいのです。

そして、あなたたちが楽しい時間を過ごしている様子や、いつ家に帰ってくるのかというイメージを、私たちに送ってください。そうすれば、私たちも、あなたたちも、もっと幸せな気分になりますよ！

家出をするネコがいるのは、なぜですか？

いろんな理由からです。

「自分のするべき仕事を終えたから」、「そこにいても幸せじゃないから」、「迷子になったから」など、理由はさまざまです。

「イヌは人につき、ネコは家につく」
という諺《ことわざ》がありますが、本当ですか？
あなたたちと一緒に生活していた人間が引っ越す際に、
あなたたちを置いていってしまったら、どう思いますか？

家は好きですが、一緒に住んでいる
人間たちも、大好きです。

そうですね。私たちは、自分たちの住んでいる家に、とても愛着を感じます。安心して生活できる、自分たちの空間を作ると、その空間を離れるのは、難しいことです。でも、あなたたちとの間に、愛と絆を感じている場合、あなたたちが、その家を離れるなら、自分だけ、そこに残りたいとは思いません。初めてあなたたちと生活し始めたときと同じように、次の新しい家に、自分の空間を作ります。あなたたちは、私たちにとっての錨《いかり》、なくてはならない存在です。家族の一員として愛されていると思っていたのに、置き去りにされたら、それは大変なショックを受けます。私たちだけでなく、イヌや人間にとっても、それは同じでしょう。

もしも、家族の一員とはいえ、あまり関わらずにいたのなら、たいした衝撃は受けないかもしれません。ただ、規則正しく食事を与えてもらっていたのなら、突然いなくなられると、食べるものがなくなり、困ってしまいます。

狩りが得意なものばかりではありませんからね。エサとなる動物があまりいないかもしれませんし、そうした獲物を狙う競争相手が、たくさんいるかもしれません。食べものや、安全な寝床を探すことだけを考えて生きていくのは、やはり、かなりのストレスです。

あなたたちは、家に愛着を感じる生きものですが、
肉体を離れ、魂となったあと、
この世で住んでいた家の住人が引っ越してしまったら、
あなたたちの魂はどうしますか?

それぞれの魂が、自由に決めます。

そうですね、もし、そのネコがそうしたければ、魂は、そのまま家と共にそこにとどまります。そのネコが、そこに住んでいた人間よりも、家を愛していたなら、新しい住人が引っ越してきても、魂は、そのまま家にとどまるか、時折、遊びに行ったりします。もし、家よりも、一緒に生活していた人間を愛していたなら、魂は、その人たちのいるところに遊びに行くでしょう。

その人たちがこの世を去ってしまったら、幸せな思い出の詰まった家を訪ね、その思い出の空間がきちんと手入れされているか、見に行ったりもします。中には、今そこで生活しているネコたちやイヌたちに、いたずらをして楽しむネコもいます。

私たちは、みな、いずれこの世を去り、「みなが一つになる所」に帰ります。そして、再び生まれ変わるための準備を始めるのです。

第四章

ネコとネコの生活。
ネコと人の生活。

ネコが語りかける言葉は、私たち詩人の
心の奥深くの何かを動かす。

ジーン・バーデン

ほかのネコたちと出会うとき、どういう意思の疎通をおこなっているのですか？

情報交換です。

私たちは、さまざまなことについて、情報を交換しています。私たちは、ネコだけに限らず、ほかの動物に出会うとき、すべての感覚を使って、その場で必要な、お互いの情報を交換し合います。相手がどう反応するか、その反応しだいで、そのとき、どういう情報交換をおこなうかが決まります。

ほかのネコと一緒に生活することを好みますか？

お互いが「絆を深めよう」と同意したのではない限り、好みません。

私たちの先祖は、単独生活をする生きものでした。今でも、メスとオスが一緒にいるのは、交配のためだけです。

子ネコが生まれると、子ネコにとっては、母ネコがすべてとなります。「外の世界」は、母ネコの保護エネルギー圏から、どれだけ離れているかで判断されます。

母ネコは、命を与えるものであり、先生であり、純粋な愛なのです。乳離れすると、それまで与えられていたもの全部から切り離され、自分で自分を守っていかなければなりません。それではあまりにも無防備だと感じて、兄弟姉妹と一緒にいることもありますし、自分の身を守るために、群れで生活している野良ネコと一緒に生活することを選ぶネコもいます。

人間の家で生活する場合、「それぞれが、お互いの役に立つ」というのなら、共存することも可能です。遊び相手や、代理の兄弟姉妹や母親が、必要になることもあります。特に、幼くして母ネコから引き離されたり、病気やケガをしたりしているときは、保護が必要です。

もうすでに、ほかのネコがいる家庭で生活をすることを選ぶとしたら、それは何らかの理由で、お互いに利益があるからです。

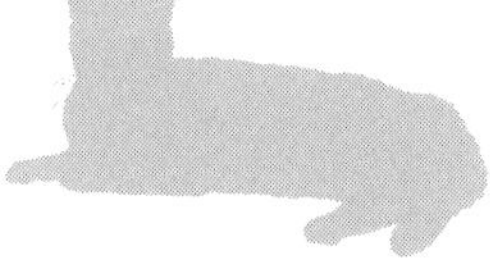

新しくネコが家族に加わるときは、どのようにしたらいいですか？

先に住んでいるネコの同意を得て、時間をかけて、ゆっくり紹介してください。

前にも話しましたが、私たちは、自分たちのスペースに、新しいエネルギーが入り込んでくることに、とても敏感です。エネルギーの変化に対応し、速やかに自分のエネルギーを調整することができるものもいれば、前もって準備期間が必要で、新しいエネルギーに慣れるのに時間がかかるものもいます。

まず始めに、私たちが住むこの空間に、新しいネコや人間（赤ちゃんなど）が加わるということを、きちんと話してください。同時に、どうしてそうしたいのかも、話してください。これは、できるだけはっきりと、明確にお願いします。曖昧《あいまい》な説明では、私たちを不安にし、警戒心を抱かせます。

私たちに、この新しい存在を受け入れてほしいということ、私たちが、その存在に慣れる過程を尊重してくれるということ、しばらく距離を置いたほうがよいか、何か特別な配慮が必要か、そうしたことを、注意深く見守る心配りをしてくれるということを、話してください。そして、心の準備をするために、いつその時がくるのかを知らせてください。できれば、二四時間以上前に、知らせてください。

新しい動物が家に加わる場合は、まず、キャリーに入れたままで、私たちに到着を知らせてください。次に、彼らを個室に連れて行って、新しい空間に慣れさせてあげ、食事もその部屋で食べさせてあげてください。私たちの存在を彼らに話し、仲良く生活してほしいということを話してください。

彼らが、新しい生活に興味を示し始めたら、私たちの体臭のするものを持って行き、ニオイを嗅《か》がせてあげてください。私たちのニオイのするものに興味を示し、落ち着いているようなら、そのまま、邪魔にならない部屋の隅に、それを置いてあげてください。

逆に、今度は彼らが使ったタオルや毛布を持ってきて、私たちにニオイを嗅がせてください。そして、彼らを家族の一員として受け入れてほしいということを、あらためて私たちに伝えてください。

彼らが活発に部屋の探索をし、食欲もあり、あなたに愛情を持って接しているなら、ドアを少し開けて、残りの家の香りを嗅がせてあげてください。私たちがゆっくりとドアに近づき、新しい家族のニオイを嗅ぐ様子を、思い浮かべてください。私たちが実際に姿を見せたら、私たちが新しい家族に会いにきたことがどれだけ嬉しいか、伝えてください。

もし、このドア越しの対面が上手くいっているようなら、お互いに慣れ、次の段階に進めると確信できるまで、この対面を、何度か繰り返しおこなってください。

みなの心の準備が充分に整ったと感じたら、彼らが、彼らのいる部屋から出てくることを知らせてください。そして、もう一度、家族の一員になることを歓迎し、仲良くしてほしいという意向を伝えてください。すべてがうまくいくことを思い描き、ゆっくりとドアを開け、新しい一員が自分の意思で部屋を出て探索したいかどうか、決めさせてあげてください。彼らの家の中の探索に付き添い、撫でたり勇気づけたりしてあげてください。

みなが対面するときは、お互いに慣れるまで、充分な時間をください。新入りの一員がシャーっという声を出し、自分の部屋に戻ってしまっても大丈夫です。もしも、私たちがシャーっという声を出した場合は、攻撃的な態度をとるのはよくないということ、次はもっと上手に対面してほしいということを、言って聞かせてください。次の対面を試みるまで、二時間は待ってください。

成功への鍵は、あなたたちの忍耐力と、すべての過程において常に私たちとコミュニケーションをとる、ということです。気をもんだり、心配したり、緊張したりしないでください。私たちも、そう感じてしまいます。常に、はっきりと意思を持ち、ポジティブでいてください。

人間の赤ちゃんが生まれた時、どのようにあなたたちに紹介するのがいいですか？

「徐々に」で、お願いします。

彼らが、産院など家以外の場所で生まれた場合、まず、赤ちゃんの毛布など、何か、赤ちゃんのニオイがするものを持ってきて、私たちにニオイを嗅がせてください。通常、私たちは、赤ちゃんが母親の胎内にいるときからコミュニケーションをとっているので、すでにお互いを認識しています。

初めて赤ちゃんと顔を合わせるときは、あらためて私たちに赤ちゃんのニオイを嗅がせ、彼らのエネルギーを確認させてください。赤ちゃんが泣いていたりしたら、そのときは、対面を遠慮させてもらうかもしれません。そういう場合は、赤ちゃんをなだめ、心配ないということを伝えてください。

もし、赤ちゃんが泣きやまないようなら、私たちは、押し入れの中とか、どこか静かなところに隠れさせてもらうかもしれません。そこで、耳や神経を落ち着かせ、その静かなスペースから、エネルギー的に、赤ちゃんをサポートさせてもらいます。

鳥やネズミを捕まえておきながら、食べないのはなぜですか？

おなかが、すいていないからです。

私たちは、生まれつき、走ったり飛んだりする小さな生きものに、すごく刺激されます。

野生では、獲物を捕まえるのは、生き残るために欠かせない行為ですし、私たちは、食べるために狩りをします。人間と一緒に家に住んでいても、狩りは楽しいですし、スリル満点です。

エサとなる動物たちの、この世での目的は、子供を生み、植物を育て、捕食動物のエサとなることだと理解しています。むやみに殺すことは好みませんが、狩りは大好きです、それが、ネコという生きものなのです。

しかし本来、殺すという行為は、食べものが必要なときにのみ、必要な行為です。おなかがすいていないのに自己満足のために狩りをし、しかも、その獲物を食べるつもりがないのなら、そのエサとなる動物にとっては、無駄死にということになります。

エサとなる動物にとっても、捕獲する動物にとっても、捕獲された動物は、食べられるほうがよいのです。食べるつもりがないのに、ほかの動物を殺してしまっては、環境のバランスを崩してしまいます。

私たちのために何かしたいと思ってくれるなら、まず、捕まえた獲物は食べるように、と言ってください。あるいは、食べないのなら殺さないように、と言ってください。

死んでしまった獲物に、じゃれるのはなぜですか？

感謝の気持ちです。

たとえば、ネズミを捕まえたら、お祝いをするのです！　私たちは、私たちのために命を捧げてくれたネズミに対し、感謝の気持ちでいっぱいなのです。ネズミは私たちに、すべてを捧げてくれたのです。

これは、ネズミとネコの生き残りをかけた競争ではありません。これは、エサとなる動物と捕獲動物のダンスなのです。ネズミがダンスをリードし、私たちを残していなくなることなんて、いくらでもあります。突然、ダンスフロアでパートナーがいなくなり、ネズミの腕前のすごさに、考えふけってしまうこともあります。

ときには、私たちがダンスをリードし、パートナーを食事としていただきます。これは、それぞれのダンサーが納得し、尊重する、神聖なやり取りなのです。ネズミの死によって、私たちの命が続いていくからです。
こうした、ネズミへの感謝の気持ちを表すために、ダンスを続けるのですが、あなたたちには、ただ、じゃれて遊んでいるように見えるのかもしれませんね。

死んだ虫や動物を持ち帰るのは、どうしてですか？私たちに、どうしてほしいのですか？

喜んでもらいたいだけです。

私たちは、あなたたちと、狩りの恵みを分けあおうとしているのです。
私たちとしては、あなたたちが、その贈りものを感謝して受け取り、私たちの、優れた狩りの腕前をほめたたえてくれることを、期待しています。

ただ、残念ながら、たとえどんなに食べるものに困っていても、これまで、人間たちが私たちの贈りものを口にしたところは、見たことがありません。鳥や大型のネズミなど、とてもいい腹の足しになるんですけどねえ……。

どうやって、大きなイヌを怖がらせるのですか？

大きなエネルギーを使うのです！

人間や大きなイヌが近づいてきたら、自分を守る方法の一つとして、実物の大きさよりも大きく見えるように、自分の身を囲むエネルギーを、大きく膨らませます。イヌたちは、肉体を見る前に、まず相手のエネルギーを見ますから、この煙幕によって、私たちが、大きくて危険な存在だと思わせることができるのです。

イヌは、自己防衛の本能が強いので、私たちの前から、急いで立ち去ります。かしこいイヌなら、ちょっと時間をかけて私たちを見つめ直し、私たちが、与えたイメージほど大きく危険な存在ではないことに気づくでしょう。でも、イヌがそのことに気づく前に、私たちは、とっくにいなくなってしまっているのです！

本当のところ、イヌたちのことをどう思っていますか？

イヌたちは人間に、無償の愛をもたらします。

魂のレベルでは、イヌたちは、私たちの兄弟、そして姉妹です。イヌたちもまた、私たちやウマと同じように、人間と一緒に生きていくことを選びました。イヌたちは、すべてを人間に捧げています。これはあなたたちへの素晴らしい贈りものであり、私たちは、この美しい贈りものに、心から敬意を表します。

肉体レベルでは、イヌたちは、大きな捕食動物です。彼らは群れで行動しますので、単独行動をする小さなネコにとっては、危険な存在です。イヌと一緒に育っていない限り、イヌたちと仲良くするのは、容易ではありません。

私たちの存在が、イヌたちの捕食動物としての本能を引き起こすように、イヌたちは、私たちの恐怖心を引き起こします。

でも、高くて安全な逃げ場があるときは、イヌたちをからかって楽しみます。イヌのことが死ぬほど怖い存在だと思っているものもいますが、そうでないものにとっては、結構、面白い相手です。

ネコは、イヌよりもかしこい生きものだと思いますか？

人間は何でも比較したがりますが、ポイントがズレています。

私たちの知性が、イヌよりも優れているわけではありません。私たちの知性は、霊的な体験、身体的な体験に基づくもので、それは、イヌたちも同じです。私たちは、いろいろなレベルで異なっており、イヌたちとは、異なった見識、異なった現実をもとに決断を下しているのです。

人間もそうであるように、それぞれのネコやイヌが、それぞれのレベルでの理解と認識を持ち合わせているのです。まだ若く経験不足の魂を持つネコたちなどは、生きることに精一杯で、ものごとの全体像がとらえられません。
でも、中には、何世紀にもわたって身分の高い人間と一緒に生活をしたネコたちもいて、彼らは、ぼーっと生きている人間よりも、よほど知性が優れています。イヌの世界もまた同じです。私たちは、みな、それぞれの速度で成長し、進化しているのです。

躾《しつ》けの一番の秘訣はなんですか?

愛情です。

私たちが子ネコのときは、母ネコが命と愛情を与えてくれます。母ネコがすべての源《みなもと》なのです。私たちに話しかけたり、私たちに学んでほしいことを実際にやって見せてくれたり、いろんな状況への対応方法を見せてくれたりして、この世界のことを教えてくれます。

あなたたちが子ネコを引き取ったなら、あなたたちは、こうした母ネコの役割を果たさなければなりません。

愛情を込めて、優しく子ネコの全身を撫でてあげてください。顔から始めて、小さな体の先まで撫でてください。優しく愛情のこもった声で話しかけてください。私たちが、あなたたちの言っていることを聞いていないようなら、私たちを手で捕まえて、注意を引いてください。私たちが、あなたたちの言うことを聞いているときには、私たちにしてほしいことを、正確に伝えてください。同時に、私たちにしてほしいことを、心に思い浮かべてください。そして、優しい声でほめながら、私たちを撫でてください。

私たちが、あなたたちを母ネコとして受け入れたなら、この方法で充分、私たちを躾けることができるはずです。

もし、あなたたちが、思春期のネコや、成長したネコを引き取ったなら、私たちに、あなたたちが尊敬すべき存在であるということを示さなければなりません。私たちを愛し、食事を与え、面倒をみてくれること、母ネコのようにルールを定めることを示してください。

これからあなたたちの家で生活をするにあたって、してほしいことを、きちんと時間を取って話してください。そして、してはいけないことをしているときは、ちゃんと知らせてください。

はっきりとした意思を持ち、私たちに話をするのが、いちばん効果的です。まず、あなたたちのオーラが、私たちのオーラにその意思を伝えますから、今度は、それを、実際の態度で示してください。私たちは、身振りからも、いろいろ読み取ることができるのです。

私たちが、いてはいけない所にいたり、してはいけないことをしたりしていたら、無理にでも動かして、カウンターの上ではなくて床で遊ぶとか、カーテンではなくおもちゃで遊ぶとか、引っかくのはソファではなく専用の爪とぎ棒だとか、お手本を見せてください。

爪で家具をひっかくのを防ぐ、いい方法がありますか？

代わりのものをください。

もし、私たちが、まったく外に出られないのなら、爪をとぎ、体を伸ばし、登ったり休んだりできる、私たち専用の家具を用意してくれるのが大切です。

しかし、私たち専用の、引っかいたり、体を伸ばすときに爪をひっかけられたりするようなものがなければ、あなたたちの家具を利用させてもらいます。

それができなければ、爪がどんどん伸びて、内側に巻いてしまうからです。それをそのまま放っておくと、爪が曲がり、肉球に爪が刺さり、とても激しい痛みを伴うのです。

第五章

どうしてネコは
そんなことをするの？

ネコがいれば、彫刻など飾る必要はない。

ウェスリー・ベイツ

よく、「ネコの集会」などと言いますが、あなたたちは、そうした場所に集まって、ミーティングをしているのですか？

大切な情報交換をする場合には、集まります。

私たちの集まりは、エネルギー、心、気持ち、そして肉体のすべてでおこなわれるミーティングです。仲間とつながり、語り合いたいときに、お互いを探して集まります。

私たちは、たいてい、ネコどうしで集まるのは好みませんが、中には、仲間と集《つど》うのが好きなものもいて、特に、たくさんのネコと同じ家に生まれ育った場合には、そうなります。

私たちは、集うことでお互いに何か得るものがあるというときに、集まるのです。

ゴロゴロと喉を鳴らすのは、どうしてですか？

あなたたちは笑い、私たちはゴロゴロと喉を鳴らします。

人間は、笑うという能力に恵まれ、ネコは、ゴロゴロと鳴く能力に恵まれています。ゴロゴロと鳴くことは、心地よいのです。幸せなときはゴロゴロと鳴き、傷ついたときは、その痛みをやわらげるためにゴロゴロと鳴きます。

ゴロゴロという鳴き声は、特別な振動で作られています。この振動は、自分たちの体や体内のシステムを癒し、再調整するだけでなく、周りの生きもの、特に人間たちの心と体を静め、癒し、再調整する力を持っています。あなたたちには、私たちがしてあげられる、ありとあらゆるサポートが必要ですからね。

ゴロゴロという鳴き声は、効果に応じて周波数や音色を変えるのですか？

もちろん、意図的に、そして目的に応じて変えます。

私たちは、ゴロゴロと喉を鳴らすことで、自分たちの喜びを表現し、自分自身と周りの生きものに、安心感をもたらします。さらに、音色と周波数を変えてゴロゴロと喉を鳴らすことで、自分自身、子ネコ、人間たちを癒します。

私たちは、病気や、バランスの崩れた振動に敏感です。たとえば、あなたが風邪をひいているとき、あなたの呼吸器系の振動は、健康なときと違います。また、感情のバランスが整っているときと崩れているときでも、振動が異なります。

ストレスは体のいろんな器官に影響を及ぼし、弱っている部分の振動が不安定になる原因になります。ゴロゴロという鳴き声の音色、速さ、周波数を変えることで、私たちは、あなたたちの器官や組織が、正常な振動へと再調整される手助けができるのです。

わけもなく、うなり声を出したり鳴いたりするのは、どうしてですか？

そうではなく、必ず理由があります。

私たち捕食動物は、発声には気をつけなくてはいけません。あまり大きな声を出すと、獲物を驚かせて逃してしまいかねません。

うなり声にもいろんなタイプがあります。雌《めす》ネコは、発情期にうなり声をあげますし、雄《おす》ネコは、相手を追い払うときにうなり声をあげます。

ネコどうしのあいだでは、警告したり、威嚇したり、縄張り争いの際に、うなり声をあげます。あなたたちと一緒に住んでいる場合は、食べものとか、何か欲しいものがあるとき、不愉快なことや不満なことがあるときに、うなり声をあげます。

ただ、自分の声が好きで鳴くこともあります。おしゃべりなネコたちもいれば、無口でまったく声を出さないネコたちもいて、個々で異なります。

私たちは意図的に音の波動を利用することがあって、たいていの場合、その場の空間の、エネルギーバランスを整える場合が多いです。

シャムネコは、もともと、深いジャングルの中で生活していたため、たくさんの動物の声が入り混じる中でも、自分たちの声が聞き取れるように、あの独特で、とても洗練された声を作り出しました。ところが、そんなシャムネコの鳴き声が耳ざわりだという人間もたくさんいたので、今では、あなたたちの気を引くのに効果的な声の使い方を学びました。

キャットニップ（西洋マタタビ）が好きな理由は？

私たちを、ふだんとは違う意識状態に浸らせてくれるからです。

キャットニップ（西洋マタタビ）は、私たちを刺激すると同時に、リラックスさせてくれる素晴らしい植物です。私たちは、植物界と強い結びつきがあります。植物は私たちと理解し合える意識を持っているので、いつも話をしています。

私たちは、植物の健康状態、リズム、目的、効用を感じ取ることができます。植物は私たちに、私たちの周りの環境や、特定の場所に住む生きものについて教えてくれます。私たちは、識別力に優れた嗅覚を持っていて、植物を理解するのに役立ちますが、さらに、私たちは、エネルギー、そして霊的レベルでも、植物とコミュニケーションをとっているのです。

どうして水が苦手なのですか？

まったく、なじみのないものだからです。

砂漠で生活していた先祖にとって、「大量の水」は存在せず、未知のものでした。私たちの体の細胞は、滴《したた》り落ちる程度の水を楽しむよう、記憶しています。なぜなら、それしか存在しなかったのですから。

今でも、ボールに張られた水よりも、滴り落ちる水を飲む方を、好みます。そもそも、私たちは、獲物から必要な水分を取り込むように生まれついています。健康で、きちんと生肉を食べているときは、めったに水を飲む必要はありません。お風呂？　その話はやめましょう！

車に乗ることについては、どう思いますか？

私たちのほとんどは、大嫌いです。

車の中は落ち着きません。振動が続き、常にいろんな光や音が飛び込んできて、圧倒されてしまいます。気持ちが不安定になり、安全な場所を確保したくてたまらなくなり、車内で一番高いところに上ろうとしたり、座席の下に隠れようとしたりします。むしろ、身動きの取れないキャリーに入っている方がいいくらいです。

何度もドライブを経験し、その刺激を処理できるようになれば、ドライブに慣れるネコたちもいます。もし、車に乗るのは動物病院に行くときくらいだったりすると、私たちがドライブを、痛みやストレスと関連づけてしまうことは、間違いなしです。

お気に入りの場所の基準は何ですか？

その時、快適だということです。

まず、眠るための場所には、次のような要素が求められます。第一に、安全であること。第二に、心地よい場所であること。第三に、プライバシーが確保でき、見晴らしがよいこと。夏に最適な場所は、春・秋・冬には寒すぎるかもしれませんし、冬に好きな場所は、やはり、日が差し込む、暖かい場所です。

私たちは太陽が大好きなので、もし、日の光が差し込まないアパートに住んでいたら、太陽の光が恋しくなるでしょう。そうした、太陽の日が差し込まないアパートに住んでいるのなら、太陽光に一番近い光をもたらしてくれる、フルスペクトル・ランプを購入することを、考慮してください。ランプしだいでは、一時的に太陽の代わりになります。

ただ、このランプは、ちょうどよい距離に置かれていないと楽しめないので、私たちに近過ぎないように、気をつけてください。それぞれのネコが、そのランプが合っているかどうか、あなたたちに伝えなくてはなりません。それぞれのネコによって好みが違うので、私たちに、部屋のどこにランプを置いて、どれくらい近くに置くのがいいか、聞いてみてください。あなたたちがきちんと聞いてくれれば、どこがいいのかを見せてあげます。

私たちのお気に入りの場所は、季節、天候、家の中のエネルギーの流れなど、いろんな理由で変わります。あなたたちのベッドが私たちのお気に入りの場所であるときは、私たちは、あなたたちのエネルギーが心地よいこと、もしくは、私たちが、あなたたちのエネルギーを再調整する必要があることを、伝えているのです。

お気に入りの庭がありますか？　また、素晴らしい庭の要素とは、何でしょうか？

たくさんの生命が育《はぐく》まれているところです。

私たちにとって、素晴らしい庭とは、たくさんの太陽が降り注ぎ、日陰があり、鳥や虫や小動物がいて、いろんなことが起きていて、それを見たり、参加したりできる庭です。私たちは日なたぼっこが大好きです。砂漠に生息していた動物の子孫ですから、暖かい太陽の光を浴びると、とても気持ちがよく、癒されます。砂風呂も、大好きです。隠れられる茂み、木登りしたり体を伸ばしたりすることができる木々、つまみ食いできる植物、ニオイを嗅げる花、どれも、すごく魅力的です。

どうして高いところにいるのが好きなのですか？

安全で、見晴らしがいいからです。

神様は、「体が小さいのに捕食動物である」という私たちに、高いところに登ることで生き残ることができるよう、この爪を与えてくださいました。私たちよりも体の大きな捕食動物がいても、高いところに登ることができれば、安全だからです。

家の中にいても、高いところにいると安心感を得ることができます。高いところにいると、自分の縄張りを見渡すことができ、私たちを狙う大きな捕食動物や、油断している獲物を見つけることができるのです。

どうしていつも私たちの足元にいるのですか?

あなたたちの強いエネルギーに引き寄せられるのです。

あなたたちの足が動くのを見て、獲物として見てしまうときもあれば、あなたたちが何かに集中しながら部屋を移動する、その強いエネルギーに引き込まれてしまうときもあります。ですから、あなたたちが静かに、気を配りながら動いているときには、私たちは足元にいないでしょう? あなたたちが慌《あわ》ただしく動くとき、私たちは、あなたたちのエネルギー圏に引き込まれてしまうのです。

トイレの外で用を足すのは、なぜですか?

いろんな理由があります。

一番の理由は、病気のときで、トイレの外で用を足すことで、あなたたちの気を引き、手当てを受けるためです。あと、トイレが汚れていたり、砂が古すぎたり、一緒にトイレを使っているネコの数が多すぎる場合にもトイレを使いませんし、一緒に住んでいるネコに追い回されたり、新しいイヌ・ネコ・人間が増えたりした場合に、トイレを使わなくなることもあります。

安全性は、私たちにとって、とても大切なことで、安心して生活できると感じられなければ、トイレの外で用を足して、あなたたちに問題があることを知らせようとします。

あなたたちを懲《こ》らしめるために、外で用を足すことは、まずありません。何かに腹を立ていることを表現するために、外で用を足すことはありますが、それは、あなたたちに、理解と助けを求めているからです。決して、宣戦布告などではありません。

そんなことをして、何になるでしょう？　ほとんどの場合は、家から追い出されてしまいます。それを希望しているわけでもなければ、それが目的でもないのです。トイレの外で用を足すことで、あなたたちに気づいてほしいことがあり、もしも、そうした状態が続いているのなら、あなたたちの理解と助けが早急に必要だということなのです。

どうして家の中でオシッコを撒き散らすのですか？

自分の存在を示し、縄張りに印を付けるためです。

自分のスペースを守らなければならないと感じたら、自分の縄張り内にオシッコを撒き散らすのは、ごく自然な行為です。トラやライオンから家ネコに至るまで、ネコ科の動物は、みなそうします。安全確保のためなのです。

ほとんどの場合は、ほかのネコが自分の縄張り内に入り込んできて、危険を感じているときに取る行動で、ほかのネコたちに、そこが自分の縄張りであることを示すのです。

また、不安を感じたときや、人間と住むまで外の世界で一人で生きてきて、「縄張りにはオシッコを撒き散らすものだ」と学んできた場合にも、そうしてしまいます。

私たちにとってオシッコを撒き散らすという行為は、ほかのネコとの自然なやり取りであり、人間にとって不快な行為だということを理解するのは、ちょっと難しいのです。

どうか、オシッコを撒き散らすという行為は、あなたたち人間にとっては不愉快なことで、私たちには、外で用を足すか、用意されたトイレを使ってほしいということを、根気よく教えてください。

あとは、家の中にいる、ほかのネコたちに注意を払い、お互いに脅し合ったりしていないか、観察してみてください。あなたたちが、私たちに与えている食べものにも、注意を払ってください。栄養バランスが整っていれば、私たちは安心感を得られます。

何かをしている最中にも、突然、体を舐め始めるのは、なぜですか？

自分を舐めることで、安心感が得られるのです。

私たちは、興奮しているとき、ストレスを感じているとき、混乱しているとき、戸惑いを感じているとき、「舐める」という行為で自分自身を落ち着かせます。これは母ネコから学びました。一瞬にして心が静まり、気持ちを上手に処理できるのですから、あなたたちも、自分で自分を舐められたら、いいと思いませんか？

あなたたちが撫でてくれたすぐ後に、舐め始めることがありますが、これは、あなたたちのニオイを消すために舐めているのではなく、エネルギーを整えているのです。

あなたたちが私たちを撫でると、あなたたちが触ったところに、エネルギーが蓄積してしまいます。あなたたちの手を止めるために、噛みつくこともありますが、たいていは、自分で舐めてバランスを整えます。

どうしてそんなに頻繁に毛づくろいをするのですか？

毛をきれいに整えることで、エネルギーを整えているのです。

毛を舐めると、母ネコに舐めてもらったときみたいに、安心するのです。毛づくろいは、肉体面、もしくはエネルギー面に問題を引き起こし得る「異物」を、毛から取り除くための儀式です。

捕食動物として、体に食べものが付いていてはいけません。獲物が私たちのニオイに気づいてしまいますし、私たちよりも大きな捕食動物にニオイが気づかれてもいけませんしね。

エネルギー面では、エネルギーの流れを最高にするために、毛づくろいをして、毛を梳《す》き、整えます。毛並みがスムーズだと、エネルギーが体を容易に、なめらかに流れることができます。

どうして不機嫌なときにシッポを振るのですか？

私たちはシッポを「振り」ません。シッポで「表現」するのです。

イヌたちはシッポを振ります。私たちは、シッポであらゆる感情表現をします。注意深く見ていると、私たちが、どうシッポを動かし、どう使っているかが分かり、私たちのことを、もっと知ることができます。

私たちは、バランスをとるためにシッポを使いますが、それ以外にも、意思表示や、集中力の度合い、苛《いら》だち、不満、愛情、責任感を表現します。

シッポでの表現は、私たちネコに固有のものなので、あなたたちは、私たちが何を伝えようとしているのか、見て、学んでくれなければなりません。

紙袋や箱で遊ぶのが好きなのは、どうしてですか？

かくれんぼって、楽しいと思いませんか？

紙袋や箱は最高の遊び道具です！　袋はカサカサ音をたてて動くので、刺激的なのです。

袋や箱は、獲物が来るまで隠れて待つのに最高の場所です。

その獲物が、あなたの足だったり、おもちゃだったり、箱の外を引っかくあなたの手だったり、「ごっこ遊び」だというのは分かっていますが、とても楽しいのです。何が起こるか期待するのは、実際に何かが起こるのと同じくらい、興奮するものです。

どうして、わざわざ私が読んでいるものの上に座るのですか？

私たちは、その、静かで集中しているエネルギーが好きなのです。

あなたたちが何か読んでいるときは、ふだん活動している体が休んでいます。あなたたちは、本や新聞や雑誌にエネルギーを集中させます。そして、あなたたちは、あなた自身と本を、エネルギーの輪で包み込み、それに私たちは引きつけられるのです。

あなたたちのほとんどが、静かに座っているのは読みものをしているときだけなので、私たちは、あなたたちと静かな時間を一緒に過ごすために、そのチャンスに飛びつくのです。特に新聞を読んでいるときは、その質感や音も魅力的です。

どうして、そんなに習慣に執着するのですか？

習慣によって、安心感が得られるからです。

決まった習慣があると、心の落ち着きを得られ、いちばん安心できるのです。日々、同じ時間に同じ行動をとっていると、エネルギーの変動が、ある程度予測できるからです。私たちは、クリエイティブな能力に欠けているわけではなく、自らの意思で、同じパターンをたどることを選んでいるのです。

変化に対して難色を示すのは、なぜですか？

エネルギーの流れを乱すからです。

「変化」は、時として、私たちに脅迫感をもたらします。同様に、「新しい」ものも、私たちの身の回りのエネルギーのパターンを乱すので、危険な場合があります。

たとえば、あなたが新しいソファを買ったとしましょう。まず、知らない人たちが私たちの空間に入ってきて、古いソファを持ち出します。私たちは、その人たちのエネルギーを処理し、順応しなくてはなりません。これまで、その古いソファのサイズ、形、ニオイになじみ、自分たちのエネルギーも、そのソファになじみ、ホッとくつろげる場所となるよう、ソファ周辺のエネルギーを整えてきたのです。

それが突然取り除かれ、大きな穴がぽっかり空《あ》いてしまい、不安な気持ちになります。

さらに、なじみのあったソファがなくなったことに慣れる前に、新しいソファが持ち込まれます。

ニオイ、見た目、大きさが違います。もちろん、エネルギーも違います。私たちは、再調整して、それに慣れなくてはいけません。

それでも、たいがい、新たにくつろげる場所を作り、順応していきます。それぞれがそれぞれに合った時間をかけて、順応するのです。感受性の高いネコたちは、順応するのに少し長く時間がかかるかもしれません。

第六章

ネコたちが暮らす
ちょっと不思議な世界

この世の苦悩から逃避する素晴らしい方法が二つある。
音楽とネコである。

アルベルト・シュヴァイツァー

景色はどんなふうに見えていますか?

とても鮮明に見えています。

私たちの視覚は、細かい部分まで認知できる鋭い感覚で、タカの視力に相当します。光センサーも持ち合わせており、日陰や暗闇でも対応できます。私たちの目は、効率よく狩りができるよう、光の変化に即座に対応します。

目は、狩りにとって、ものすごく大切です。爪がなくても、耳が聞こえなくても、狩りはできますが、目がなければ、自然界ではどうすることもできません。

しかし、あなたたちと生活をしているなら、もし視力を失っても、ほかの感覚で補うことを学び、家の中で幸せに生活できます。

以前にも話しましたが、私たちは特殊な能力で、ほとんどの人間には見えない、形、色、そしてエネルギーを「見て」います。

色は見えていますか？

私たちは、いろんなレベルで色を感知します。

私たちは、あなたたちと同じように色を見ますが、もっとずっと色彩が鮮やかです。私たちは、色の振動を感知して、それぞれの色の違いを感じ取ります。たとえば、あなたが赤のシルクのドレスを着ていれば、早い振動を感じ、青いシルクのドレスを着ていれば、私たちは、静かで落ち着いた気持ちになります。

私たちは、非物質的な色も感知します。たとえば、あなたたちのオーラの色などです。あなたたちのオーラには、健康状態や精神的なバランスの状態が、色で現れています。生き生きとした健康な体は、病気の体とは違う色を放ちます。人間の中にも、私たちと同じように、この色を感知できる人たちがいます。彼らが望めば、私たちネコのように、ヒーリングや、エネルギーのバランスを整える手伝いができます。

あなたたちの耳も、すごく敏感なのですか？

あなたたちの耳に比べれば、そうですね。

私たちの聴覚は、あなたたちの七倍、精密です。実際の耳だけでなく、霊的な聴力も使って聞き取ります。私たちは、耳を動かすことができますので、あなたたちよりも、正確に音の発生源を特定することができます。そのため、不協和音の多い音楽や、大きな音にはとても敏感です。

音は、ヒーリングの可能性を秘めていますが、同時に、エネルギーを歪めたり、ダメージを与えたり、さらには、命を奪う力も持っています。あなたたちが聞き慣れている音の中には、あなたたちにダメージを与えている音もあるのです。

私たちは可能な限り、こうした音を避けたいのですが、定期的に騒々しい破壊的な音にさらされた場合、免疫システムに悪影響を及ぼします（あなたたちにも、です）。原則として、もし私たちが、共に生活する環境の中で、頻繁に特定の音から隠れたり、避けたりしようとしていたら、そのうち、みなが体調不良を感じるようになると思って間違いないでしょう。

ひげの役割は？

感覚を強化してくれるものです。

私たちのひげは、素晴らしく繊細で役立つものです。ひげ自体は、単なる太い毛なのですが、ひげの付け根周辺には、たくさんの神経が通っています。これらの神経は、ひげが接触したものを感じ、正確な距離、温度、質量、間隔を読み取ります。

ひげは、第二の「皮膚」であり、私たちのエネルギー圏の次に、私たちが狩りをし、生き残るために必須の情報を感知してくれるものです。

どうしていつも、ちゃんと足で着地できるのですか?

バランス感覚が優れているのです。

私たちの体は、危険から逃れ、生き残るのに効果的な着地ができるよう、作られています。足で着地できるかどうかは、どれくらいの高さから落ちるかによります。地面までの距離があり過ぎたり、少な過ぎたりすると、足で着地はできません。

エネルギーのレベルから見ると、必ず足で着地するというのは、私たちが常に、何に対しても準備ができていて、機知に富み、回復力が早いことを示しています。そのため、私たちが「不意を突かれる」などということは、決してありません。そのお手本を、あなたたちに示しているのです。

ネコは俊敏で運動神経がいいイメージがありますが、運動神経が鈍いネコもいますか？

健康状態が要因となることがあります。

子ネコのうちは特に、成長期の著しい体の変化に慣れるまで、不器用そうな動きをするネコがいます。年をとってくると、良質の栄養を充分に摂取できていなければ、運動能力が衰えてきます。栄養失調だったり、頭部に損傷を受けたことがあったり、神経系に問題があったりするネコたちは、反射神経が鈍い場合が多いです。

もし、もともと運動神経がいいネコが、突然、それまでできていたことができなくなったとしたら、必要な栄養を摂取できていないか、ケガ、痛み、もしくは、何らかの中毒の可能性があります。

特定の見た目や、毛色のために交配されることについて、どう思いますか？

その理由によります。

私たちの生まれつきの毛の色は、それぞれが生活する、さまざまな環境の中で、自分たちをカムフラージュする色です。さらに、寒い気候の中で生活するものの毛は長くなり、めずらしい毛色を持つネコたちは、人間社会との関係で、その色に進化したのです。

たとえば、青みがかった灰色の毛を持つシャルトリューという種のネコは、灰色の石で建てられているシャルトル大聖堂のもとで進化しました。つまり、私たちが人間と暮らし始めてから、毛の色は、自分たちが生き残るためのものではなく、美の一部となったのです。

人間と共に生きると約束してから私たちは、自主性をいくらか失いました。品種によっては、苦悩の道を歩んでいます。ほとんどの品種は、原種に少し変化を加えただけですが、思いやりのないブリーダーが、私たちの体を歪め、弱体化させる顔つきを作りました。

たとえば、人気のあるペルシャネコの平らな顔は、事実、とても不快なのです。鼻はなく、目が巨大で、顔の周りのエネルギーの流れは歪んでしまっています。鼻と目には、常に分泌物が発症し、免疫システムは常に油断できない状態にあります。口と舌が変形しているため、毛づくろいも苦手です。ペルシャネコは、体の弱い生きもので、体の障害や行動の異常が多く生じます。

あなたたちが私たちのことを愛しているなら、品種改良は、気質、健康、寿命の向上のためにおこなってください。

品評会についてどう思いますか？

品評会は私たちのためでなく、人間のためのものです。

あなたたちは、私たちを見せびらかすのが大好きですよね！　そうされて構わないものもいれば、審査員に手荒に扱われたり、人前にさらされたりするのが嫌いなものもいます。これは個人的な好みの問題です。

あなたのネコに、品評会を楽しんでいるか聞いてみてください。そして、あなたのネコが品評会でどう対応しているか、よく見てください。

もし、子ネコのときから品評会に行き慣れていて、安心できるプライベートなスペースがあり、人間が好きなら、問題ありません。あなたたちが、あなたたちのネコの選択を尊重すれば、品評会は、みなにとって、より楽しいものとなるでしょう。

美しいとか、かわいいと言われると、嬉しいですか？

もちろんです！

やっぱり、ほめられるのは嬉しいものです！

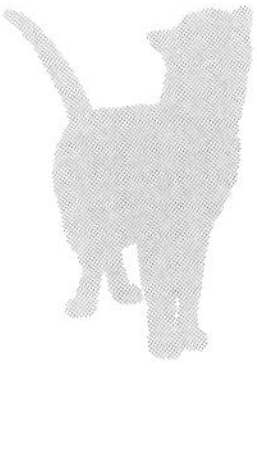

第七章

体のこと・健康のこと

ネコはネズミと取引などしない。

ロバート・マッシー

どうして魚が好きなのですか？

すごくいいニオイがするからです！

人間に慣れているネコたちも、もともとは砂漠で生活していたネコ科の動物の子孫で、エジプトの村落に住みついたものたちです。

その当時の食べものは、ネズミなどの小動物、鳥、卵、虫、爬虫類でした。ヘビやトカゲは、特有の栄養素や油脂の摂取元でした。魚も同じ栄養素を持っていますし、何よりも、あのニオイがたまりません！

冷たい食べものを好まないのは、なぜですか？

変なニオイがするからです。

私たちは、食べもののニオイに関しては、細心の注意を払います。ニオイがしないものは食べません。私たちは、獲物を殺してすぐ、温かいうちに食べるよう、生まれついています。冷たい食べものは、古い食べものであることを意味するのです。

あなたたちに、どのような食事をあげるのがいいでしょうか？

水分を含む食べものを摂取することが重要です。

私たちにとって、ドライフードは恐ろしい食べものです。私たちは、ドライフード中毒になり、やがて、私たちの健康は破壊されてしまうのです。

私たちの体は、必要な水分を獲物からとるように作られており、私たちの腎臓は、大量の水を処理するようには作られていないのです。ですから、ドライフードを食べ、水を飲まなければならない生活をしていると、腎臓は疲れ果ててしまいます。

また、ドライフードに含まれている大量の炭水化物も、処理できません。私たちの体は、捕獲した動物の胃にある少量の炭水化物くらいしか処理できないようにできているのです。

私たちにとっては、生肉がいちばん好ましく、次によいのが手作りの食事です。缶詰の食べものは、良質の肉が使ってあるなら、いいでしょう。

避妊手術、去勢手術について、どう思いますか？

どのようにおこなわれるか、なぜおこなわれるかによります。

私たちにとって交尾は、子孫を残すために不可欠な行為であるだけで、特に、楽しいものではありません。

発情期は、雌ネコにとっては、うっとうしいもので、ホルモンの変動も激しく、体に大きな負担がかかります。

子ネコを生むのも、楽しいことではなく、不可欠なことだからです。でも、母ネコになるのは大きな喜びです。ここで矛盾が生じます。

私たちは、子ネコたちに対し、抱きしめたり、ゴロゴロと声をかけてあげたり、彼らが探検するのを見たり、安全に、そして幸せに生きていく方法を教えたりするのは、大好きです。でも、私たちは、あえて子ネコたちを厳しい環境の中に生み出したくはありません。すべての母親たちがそうであるように、私たちは、子ネコたちに、この世で価値のある体験をするチャンスを与えてあげたいのです。もし、その可能性がないのなら、この世に生まれてこない方がいいとすら、思います。

今は、生まれてくるすべての子ネコたちが、家に住める状況ではありません。路上生活は、おびえながらの毎日です。ですから、避妊手術が、ありがたい行為である場合もあります。それに、発情期を体験しなくていいのは、ホッとさせられます。

私たちのほとんどが、去勢処理を受け入れています。去勢されていないものたちは、発情期の雌ネコの香りと魅力には抵抗できず、ホルモンの思うがままに行動し、縄張り意識にとりつかれてしまいます。そうすると、魂が、するべき仕事を見失ってしまいます。

避妊手術と去勢手術は、おこなう時期が大切です。生まれてから六カ月くらいで去勢手術をおこなうと、ネコ以外の生きものにも興味を示し、人間の家族と、よい愛情関係を築くことができます。あまりにも若く、生まれてから六週間くらいで避妊・去勢手術をおこなってしまうと、肉体的にもエネルギー的にも、彼らの発展をさまたげてしまいます。

薬や予防注射について、どう思いますか？

体を侵《おか》し、利益よりも問題を起こすものです。

私たちのほとんどは、体に容赦なく入り込む薬や加工食品のせいで、体が危険にさらされています。大量の化学物質にさらされることが原因で起こる病気が増え、私たちの寿命は一〇年前に比べて、かなり短くなっています。

予防接種は、私たちの体を汚染していっています。まだ体が成長しきっていない子ネコのときに予防接種を受けると、始めから免疫システムにダメージが生じます。毎年のように予防注射を接種することは、私たちの体を破壊し、遅かれ早かれ、やがて命を奪います。

抗生物質は、もし、私たちが悪性の感染症にかかったり、自分の力で回復できない病気にかかったりしたときには、役立つものです。でも、それ以外の理由で与えられても、自己回復力のさまたげになるだけです。ステロイドは、肝臓を破壊し、治癒力を抑制します。抗うつ剤は、人間のために作られたものですから、それを与えられると、エネルギーの流れが歪められ、同じく治癒力を抑制されます。私たちの治癒力は精細だということを忘れないでください。

一方、自然薬品や、いろいろなタイプのエネルギー医学とは、協調できます。これらの治療法は、私たちの治癒力を高めてくれますが、逆に、化学薬品は、私たちの治癒力を抑えるのです。本当の治癒とは、生命体に健康とバランスを取り戻させることです。それ以外の治癒は、体を汚染する行為です。

動物実験について、どう思いますか？

無意識におこなわれる、残酷な行為です。

動物の同意を得ず、無理やり押し付ける、残酷な行為です。動物実験というものは、心と体がつながりを絶ち、心で痛みを感じなくしないと、できない行為です。

抗がん剤治療など、延命治療についてどう思いますか？

それは本当に必要なのでしょうか？

有害な薬品を体に入れるということは、その生きものに毒薬を与えているのと同じことです。少量の害でも、毒薬に変わりはありません。

私たちは、これは、あくまで、現在の時点でやむなくおこなわれる治療法であり、有害な薬品であるにも関わらず「延命処置」として体に投入するのだということは、承知していますし、感謝もしています。でも、細胞を癒す方法は、ほかにもあります。

私たちとしては、別の延命治療法を探し、選択することをお勧めします。

爪の切除について、どう思いますか？

恐ろしく、トラウマとなる「切断」です。

あなたたちが私たちの爪を切除するということは、私たちの身を守る第一線の手段を取り除くということです。あちこちに登ったり、自己防衛や獲物をとらえたりするためには、爪が必要です。私たちの爪は、エネルギーの面でも、ものすごく大切なのです。

あなたたちの指が手の延長であるのと同じく、爪は私たちの体の一部であり、手足の延長なのです。私たちの爪は、ただの指の爪ではなく、指の一部なのです。私たちの爪を切除するのは、指を切り落とすのと同じことだと考えてみてください。どう感じますか？

私たちの中には、オーラ上に爪を復元することで、爪がなくても生きていくことを学ぶことができるものもいますし、そのショックから立ち直れず、一生不安で、自分は無防備だと感じながら生きるものもいます。そのせいで私たちが神経質な行動をとると、人間たちはそれが気に入らず、不愉快に感じます。あなたたちは、私たちを取り返しのつかないほど傷つけておきながら、私たちは、何も悪いことをしていないのに罰せられ、家を追い出され、時には、命までも奪われるのです。

助けられた野良ネコの子ネコたちが、結局は
死んでしまうことが多いのは、なぜですか?
私たちに何か、してあげられることはありますか?

それは、母ネコから、この世界は
恐ろしいところだと学んでいるからです。

妊娠中の野生のネコが、出産前に保護され、安全な場所に連れてこられても、子ネコたちは成長せず、衰弱し、死んでしまうことが多いです。母ネコが暖かい場所で食べものを与えてもらっても、そうなってしまうのは、なぜでしょう？　それは、母ネコが、妊娠中に、常に恐怖心を抱きながら生活していたからです。

いつ、どこで次の食事にありつけるか分からないのです。イヌや、人間や、車や、ほかのネコたちに追い回されながら生きてきたのです。その恐怖感やストレスが、まだ生まれていない子ネコたちに、へその緒を通して伝わっているのです。子ネコたちは、生まれる前から、恐怖におののきながら生きていかなければならないことを知ります。この世に生まれてきても、そんな環境で生きていくのならば、死んだ方がいいと考えるのです。

まずは母ネコに、子ネコたちが生まれた日に、親子だけでいられる安全なスペースを与え、思いやりを注ぎ、安心させてあげてください。暖かい部屋、新鮮な食事を与え、母ネコと子ネコたちに、安心するよう語り掛けてください。

もし子ネコたちが乳を飲まないようなら、優しく近づき、あなたたちが子ネコたちを助けてあげたいということを伝えてください。暖かいタオルで、優しく体を撫でてあげてください、顔から撫で始めて、全身を撫でてあげてください。触らせてくれるようなら、母ネコも同じように撫でてあげてください。

心の中で、子ネコたちが乳を飲み、安心して、愛されている様子を想像してください。母ネコの胎内で学んだ認識を変えることができたら、子ネコたちは乳を飲み始め、育ち始めます。もしも母ネコがおびえきっているなら、短期間で彼らの認識を変えることは難しく、やがて子ネコたちは死んでしまうでしょう。

親ネコが子ネコを抱きしめる写真を見たことがありますが、ネコも、人間のように抱きしめ合うのですか？

ハグ（抱擁）は不可欠です。

私たちは、子ネコたちを、抱きしめたり、毛づくろいしたりして、私たちの体で包み込んであげます。体を触ってあげるというのは、子ネコたちだけでなく、すべての赤ちゃんたちにとって、最も大切な、美しい愛情表現です。

安楽死についてどう思いますか？

それによって助かることもありますが、時にそれは、侵害的な行為にもなります。

もし、重い病気にかかっていたり、大ケガをしたりしている場合、安楽死は救いです。通常、私たちは自然死を望みますが、あなたたちは、私たちが死んでいくのを見るのが苦痛のようですね。

本当は、私たちが死ぬのを見ていなくてもいいのです。そっとしておいてくれればいいのです。ただ、そのためには、あなたたちが私たちの存在を無視しなければならず、あなたたちにとって、このように無関心でいることは難しいようです。

もしも私たちが苦しんでいたり、痛みを抱えたりしていたら、一緒に生活してきたあなたたちには、それが分かります。そして、時に、私たちが感じている肉体の痛みより、それを見ている、あなたたちの心の痛みの方が大きいことがあります。でも、もし、それ以外に方法がないのであれば、安楽死を選んでください。

ただ、あまりに事を急ぎ過ぎると、私たちが死後、不適切な安楽死の記憶を魂から消去するための時間を費やさなければならないか、そのままトラウマを抱えたまま生まれ変わることになってしまいます。

健康なネコや、飼えなくなった子ネコを安楽死させるのは、殺害です。しかしながら、どうしても、あなたたちがそうしなければならない立場にある場合は、その前に、私たちにその旨を伝えてください。そうすれば、魂が肉体から離れる準備をする時間がとれ、とても助かります。心の準備をする時間があると、安らかに旅立つことができます。

私たちが、あなたたちを病気で失うとき、長いあいだ苦しませてしまったのではないかと心を痛めます。そういう人たちに、何か伝えたいことがありますか？

心の声に耳を傾けてください。

病気で苦しんでいたり、歳老いてしまったりした私たちを、「いつ旅立たせるべきか」という判断をするのが、とても難しいことだというのは、よく分かっています。あなたたちは、私たちのことを愛するがゆえに、できるだけ長く私たちと一緒にいたいと願います。だからこそ、目の前に置かれている状況から一歩離れ、客観的にものごとをとらえるのは、とても難しいことなのです。もし、あなたたちが、長期間にわたって私たちの病気を看病してくれていたとしたら、なおさらです。そういう時には、客観的にものごとをとらえるために、瞑想をするようお勧めします。

一人静かに過ごせる場所を見つけ、神に祈り、みなにとって、いちばん幸せな答えは何かを尋ねてください。深呼吸をして、心の奥底から、賢明な答えを探し出してください。

あなたたちが心を静めれば、いつ私たちを旅立たせるべきか、心の声が聞こえてきます。そして、その心の声を信じてください。

私たちが逝《い》ったあと、自分で出した答えを後悔したり、「もし、あの時……」などと、余計なことを考えたりしないでください。心を落ち着かせ、心の声を聞くのです。そうすれば、あなたたちは私たちのことを思い、できる限りのことをしてくれたのだという、その「真実」を受け入れることができるでしょう。

あなたたちが健康で長生きするために、何がしてあげられますか?

私たちに質のよい食事を与え、自分の体をもっと大切にすることです。

私たち、そしてあなたたちの体を「汚染」するのをやめてください! 汚染は、いろんな形で侵入してきます。質の悪い食べもの、薬や薬品、カーペットや家具や壁に潜む化学物質、汚れた空気、耳ざわりな音、ストレスの多い生活(主に、あなたたち)、不満の多い人間関係など。

体によい環境を整えてくれれば、私たちは、より健康でいられ、長生きできます。一緒に生活している環境内の、化学薬品や騒音を、注意深く観察してみてください。それらは、私たちだけでなく、そのうち、あなたたちにも悪影響を及ぼします。ストレスや不満の多い人間関係は、寿命を縮めます。そうした不満な状況を、どうしてそのままにしておくのですか？　あなたたちの体は正直です。あなたたちがストレスを抱えて帰宅し、(過去、もしくは未来の）不満だらけの人間関係をそのままにしているのなら、私たちは、自分たちのエネルギーを使って、あなたたちを助けましょう。

私たちは、この作業に全力を傾けますが、あなたたちがストレスばかり抱えて問題を解決しないままでいると、私たちは、自分のために必要なエネルギーをも、あなたたちに使うことになり、やがて私たちは、あなたたちの荷を軽くしてあげるために、あなたたちのストレスや病気を自分たちの体に取り込んでしまいます。

でも、今日からあなたたちが認識を改め、自分の体を大切にし始めれば、私たちは、自分たちのエネルギーを、この汚染された世の中で遭遇する、様々な環境に対応するために使うことができます。

あなたたちが元気になり、生活の中から汚染を少なくしていけば、やがては地域、国、そして世界の汚染に対処できるようになるでしょう。

動物病院に行くときに、私たちがしてあげられることは何ですか？

心の準備をさせ、ストレスの原因となるものを、できるだけ取り除いてください。

ほとんどの動物病院は、私たちにとって厳しい場所です。慣れていない他の動物や、知らない人間に囲まれるのは、好きではありません。私たちには、そこで起こることを嗅ぎ取り、感じ取ることができます。以下が、あなたたちが私たちのためにできることです。

①ネコ専門の動物病院に連れて行ってください。
②訪問中に、その病院で何が起こるのか、前もって説明して、心の準備をさせてください。

③少なくとも、二～三時間前には知らせてください。
④前向きに、明るい気持ちでいてください。
⑤車の中では、キャリーに入れてください。
⑥キャリーの中に、慣れ親しんだタオルや毛布、あなたたちの衣類などを入れてください。
⑦診察室では、一緒にいてください。
⑧私たちに触る前に手を洗う際、獣医に、薬用石鹸を使わないように頼んでください。
⑨可能であれば、一度の受診で投薬する薬は、一つに限ってください。
⑩できるだけ早く、家に連れて帰ってください。

第八章

ネコたちがくれた
スピリチュアルな教え

私は、ネコは地上に降りた魂の化身だと信じています。
ネコは、雲の上を歩けるに違いありません。

ジュール・ヴェルヌ

あなたたちは、常に何かを考えているようですが、頭で考えているのですか、それともイメージで考えているのですか？

両方ですが、それだけではありません。

私たちの脳は、あなたたちと比べて、小さく単純なものに見えるかもしれませんが、私たちは、全身全霊で考えています。あなたたちは、脳の大きさだけでその知性を測るため、肝心なことを、たくさん見落としています。

こう考えてみてください。まず、人間は、脳の一〇パーセントしか使っていないにもかかわらず、自分たちの脳が大きいというだけで、偉大な知性を持ち合わせているに違いないと決めつけています。そして、小さな脳を持つ生きものを、自分たちよりも劣った生きものだと思っています。私たちがどれくらい脳を使っているのか、計測してみた人はいますか？　私たちは、あなたたちよりも、よほど脳を活用しています。

次に、あなたたちは、話し、書き、物を作り、世の中をコントロールする能力を基準に知能を測り、そういった能力こそが知能なのだと錯覚しています。一方、私たちは、バランスのよい結果を得るために、持っている能力を利用する力を、知能だと考えます。それは、心、五感、そして、それまでの経験を活用することです。私たちの経験上、脳は、知能のほんの一部にすぎません。

人間の世界では、本当の知能に欠けたアンバランスな状態を作り出しました。合理性だけを考えて判断を下していると、エネルギーのバランスが崩れてしまいます。

この地球の状態を見れば、知性を重視しすぎたために地球が大混乱に陥っているのが分かるでしょう！　人間たちが、生まれ持った感覚を、脳と同じくらい活用すれば、本当の知能が得られます。

私たちは、あなたたちと同じ思考力を持ち、肉体とオーラの両方で見、聞き、刺激を感じ取っています。

ネコも夢を見ますか？
見るとしたら、どんな夢ですか？

私たちも、みな、夢を見ます。

人間やほかの動物と同じく、私たちネコも、いろんな夢を見ます。楽しかったこと、不愉快だったことなど、これまでに体験したことです。

また、夢を見る時間を利用して、別の次元を旅することもあり、あなたたち人間が言う、過去や未来、この世とは別の場所を体験したりもします。

中には、意図的に、異次元の世界を訪れるネコたちもいます。私たちは、夢の中で異次元の世界を訪れることで、必要な情報を得ることが多くあります。

なぜ、エジプトで崇拝されていたのですか？

人間の治癒に、たずさわっていたからです。

私たちは、見た目が美しいからとか、ネズミを捕まえるのが上手だからという理由で、エジプトで崇拝されていたのではありません！　私たちは、治療家や医師を助け、その力を高め、補強する能力があるために、崇拝されていたのです。

人間が病気になると、私たちは、バランスが崩れた病的なエネルギーや、患者や治療家が持つ病的な思考を取り除き、治療室を浄化していました。そして、治療家が、治癒の源である神とつながる手助けをしました。次に、医師と共に患者に波長を合わせ、病気を取り除く作業をおこないました。

あなたの家にいるネコは、エジプトに住んでいた彼らの祖先と同じく、今でも、あなたたちを治癒する能力を持っています。

たとえば、あなたたちがインフルエンザにかかると、私たちは、あなたたちの器官や組織をスキャンし、ウィルスを正確に位置づけることができます。ウィルスは、あなたたちの体が健康な状態にある場合とは異なったエネルギーの波動を持っています。私たちは、インフルエンザの波動に焦点を定め、探し出すことができます。

次に、あなたたちがウィルスを解き放つ準備ができたら、私たちは、あなたたちの体からオーラ圏にウィルスを吸い出し、あなたたちのオーラから、私たちのオーラにウィルスを取り込み、そこでウィルスを分解し、害を与えない状態にして放出します。

あなたたちは、不幸な経験をした人や、精神的に病《や》んでいる人に、意図的に近づいて、癒したりしますか？

それは、それぞれの選択です。

それは、人間とネコ、それぞれの選択によります。

これまでにもお話しした通り、私たちは、生まれつきのヒーラーです。私たちが健康で心が安定しているとき、その気になれば、私たちの身の回りの人間や、植物や、動物の中の有害なエネルギーを変えることができます。

しかし、自分自身にストレスが溜まっているときは、エネルギーを温存します。それでも、もし、助けてあげたいと思う人や、私たちが何か影響を与えてあげられるかもしれないと思える人がいれば、できるだけの手を尽くします。

あなたたちは、どのように私たちの治癒を手伝ってくれるのですか?

負のエネルギーを変えるのです。

あなたたちが体調を崩しているときは、エネルギーのバランスが崩れています。病気のときは、肉体とオーラの両方を治療しないと、完全には回復しません。毎晩、あなたたちが寝ているあいだに、私たちは、あなたたちのエネルギーバランスの崩れや、オーラに残っているお荷物を一掃します。

あなたたちの中には、日々、消化しきれなかった感情や破壊的な考え、人によっては、他人の問題までもオーラに取り込んでしまいます。繊細な心を持った人や、共感しやすい人ほど、オーラにいろいろと溜め込んでいます。

交通渋滞、デパート、会議といった、人が集まる場所で時間を過ごしたあとに、「体が重い」とか「疲れた」と感じる人が多いにもかかわらず、ほとんどの人が、そのことに気づいていません。

体の声に耳を傾けてください。周りの人間のエネルギーや問題を取り込んで、処理せずそのままにしておくと、あなたたちを疲れさせ、病気にさせます。そこで、私たちの出番がやってきます。昔、エジプトでそうしていたように、私たちは、あなたたちがオーラに抱えている荷物を、私たちのオーラに取り込み、解放します。

こうして、あなたたちのオーラは浄化され、体は軽くなり、よく眠れ、回復したエネルギーで朝を迎えることができるのです。

人間のオーラが見えますか？　あなたたちが、私たちをじっと見ているときは、魂やオーラを観察しているのですか？　それとも、何かメッセージを送ろうとしているのですか？

あなたたちのオーラは、あなたたちの肉体と同じように、はっきりと見えます。

私たちがあなたたちを見るとき、もちろん最初は肉体を見ますが、同時にオーラも見ています。実際、あなたの肉体に起こっていることよりも、オーラの状態の方が、見ていて面白いです。一瞬にして、あなたたちが私たちに優しく接してくれるか、私たちのことを敬遠しているか、恐れているか、それとも、私たちに近づこうとしているか、読み取ることができるので、私たちの方も、どう反応すべきかを決めることができます。

　オーラに意識を集中すると、肉体、感情、そして魂の健康状態を読み取ることができます。私たちが正しく調整したり、取り除いてあげたりすることができる、エネルギーのバランスの乱れや歪みを読み、また、目に見えない存在があなたたちに不愉快な感情などを勝手に植えつけたりしていないか、そういったことを探すこともあります。

　逆に、あなたたちが私たちを見つめているときは、何を考えていますか？　私たちも、あなたたちと同じように、いろいろなことを考えているのです。あなたたちのオーラを読むために、見つめるときもあれば、あなたたちの気を引くために、見つめるときもあります。

　あなたたちにしてほしいことがあるときも、エネルギーを送って、それを伝えようとします。私たちのことをよく理解し、愛してくれている人たちは、そのメッセージを受け取り、理解し、願いを叶えてくれようと努めてくれます。

どこで、そのようにオーラを読む能力を学んだのですか？

生まれつき持っている能力の一つです。

私たちネコ科の動物は、この地球上で最も優れた捕食動物でしょう。いろんな大きさのネコ科の動物がハンターとして知られていますし、これだけあらゆる環境の中で生き抜いてきたのですから。私たちは、物を見て感じ取る能力にものすごく長《た》けています。私たちは、視覚、聴覚、触覚、味覚、嗅覚、そして霊感の、六つの感覚を持っており、そのすべてが、とても精密です。ほんのわずかな温度の変化や波動の変化を感じ取ることができ、獲物が近づいているのを感じ取ります。

私たちは、いろんなことを成し遂げるために、自分のオーラを利用します。たとえば、獲物に忍び寄るときは、オーラの範囲を極力、肉体に引き寄せます。そして、飛びかかれる距離まで来ると、オーラをネットのように獲物にかぶせ、混乱させて捕まえるのです。

また、縄張りを示すためにオーラを広げることもでき、獲物やほかの捕食動物がオーラに接触するときには、警告アンテナとしての役目も果たします。

私たちは、何世紀にもわたって、生き残るために、この能力を磨いてきました。私たちが人間と生活することを決めてからは、この能力を、自分たちのために使うのに加えて、人間を助けるために使うよう、適応させたのです。

霊（スピリット）が見えますか？

はい、近くにいれば見えます。

霊というのは、「肉体を持っていない存在」のことを言っているのですよね。私たちは、エネルギーに敏感なので、私たちのスペースを通過していく霊や、居座っている霊も見えています。

これらのほとんどが無害な存在ですが、すべてが、そうとは限りません。次元と次元のはざまで身動きが取れなくなっている存在があったり、生きている動植物に有害なエネルギーを与えたりする存在もあります。そのような、よくないエネルギーが入り込んでくるときは、できる限り、追い払おうと努めます。

私たちは、肉体に宿っていないエネルギーには興味を示さないので、たいていの場合、そうした、よくない存在は、自分からいなくなってしまいます。

私たちが病気をしたり、体が弱ったりしているとき、霊が私たちの体に侵入することがあります。そのエネルギーに、もちろん抵抗はしますが、弊害を受けることもあります。私たちが、何かに取りつかれているような行動を取っていたら、その可能性があるので、体によい食べものをくれたり、体力を回復するために、できるだけのことをしたりしてください。

そのとき、薬は私たちの抵抗力を弱め、逆に、外からのエネルギーが侵入しやすい環境を作るのだということに、注意してください。なので、できればハーブやサプリメント、そしてホリスティックセラピーなど、自然から力をもらえるような方法で助けてください。いったん体力が回復したら、侵入したエネルギーを自力で追い出すことができます。

あと、私たちは、天使を見たり感じたりもします。天使は、私たちやあなたたちの周りにいて、常に、愛、癒し、援助の手を差し伸べてくれています。

私たちは、あなたたちが「妖精」と呼ぶ、自然の精霊も見えます。妖精は、天使のような存在で、すべての花や植物を育て、世話をします。それぞれの植物にそれぞれの妖精がいて、さらに、それぞれの庭、森、小川など、広い範囲の世話役の精霊もいます。

私たちは、植物のそばに座って、妖精のエネルギーを感じるのが大好きです。彼らと話をするときもあります。ときどき、家の中にも遊びに入ってくるのですが、様子を伺っているだけのときもあれば、一緒に遊ぶこともあります。

妖精たちは、一緒にいて楽しい存在です。あなたも、私たちが妖精と遊んでいるのを見ることがあるかもしれません。ひとり遊びをしているように見えるときがそうです。

どうしてネコは、黒ネコなど、不吉な暗示と関連づけられるのですか？

恐怖心から生まれた思い込みです。

私たちは、大昔、エジプトで治療家の治療を手伝い始め、それは何世紀にもわたって続けられました。昔はバランスよく、男女同じくらいの数の治療家がいましたが、時間が経つに連れ、治療家として仕事を続けるのは、男性よりも女性の方が多くなりました。男たちは、物質的な物に興味をそそられ、誘惑されていきました。女たちは、妊婦、子供、年寄り、病人、体の弱っている者たちの治療を続けました。

私たちは、この「賢女たち」に、治癒力のある植物、たとえばカモミールやミントなど、出産を助けたり、鎮痛薬や通じ薬にもなったりするパワフルな植物を紹介し、植物界との絆を深める手助けをしました。これらの女性たちは、植物を育てられる所や、それらの植物が育っている所に住み、世俗的なものに影響を受けることなく、第六感を発展させたのです。女性たちの仕事は、自然界にある治癒力を人々に伝えることでした。彼女たちの多くは、ネコと生活していて、治療のパートナーを務めるネコも、たくさんいました。

やがて小さな村が町になり、都市へと成長するにつれて、賢女たちは、雑音の少ない森の中で生活するようになりました。彼女たちの能力を学ぶには時間と努力を要し、人々は彼女たちを恐れるようになりました。いつの世も、誤解は恐怖心をもたらします。

人々にとって大切なものが、健康や心の幸せより、物質的な富や名声へと歪み始め、協力して生活していた仲間たちは、競争相手へと変わっていきました。権力を握った人間は、人々を操り、支配し始めました。戦争が絶えなくなり、人々は常に恐怖におびえていました。恐怖心はやがて被害妄想を招きます。周りの人間は友だちではなく、敵となり得る人間だと思い始めました。

時代が中世に及ぶころ、人々は、何が正しいことか分からなくなっており、健全であり続けた人たち、現実を見続けた人たちに背を向けるようになりました。人々は、彼らに命を与え、病を癒し、介護した女性たちに背を向け、賢女たちは悪の源であり、消し去るべき存在だと言い始めました。彼女たちのことを「魔女」と呼び、「黒魔術を操る」と言い始めました。夜は暗闇に包まれ、みな、命の危険を感じ、黒いものはすべて、悪とみなすようになったのです。

私たちネコにとって、夜は、私たちの味方であり、狩りに格好の時間でした。なぜなら私たちは、夜でもよく見える目を持っているからです。このため、私たちは、「悪の塊」であり「夜に現れる黒い生きもの」というレッテルを貼られました。現在ヨーロッパと呼ばれる地域に住んでいた何千もの仲間たちは捕らえられ、彼らの仲間でありパートナーであった賢女たちと共に、火あぶりや絞首刑となりました。

日本には、「招き猫」という、幸運を呼ぶと信じられているお守りがあります。そのことを、どう思いますか？

私たちは、幸運を呼びます！

私たちが、あなたたちのために良いエネルギーを招く能力があると認めてくれ、お守りにしてくれていることに、感謝します。私たちは日々、自分たちの身の周り、そして、愛する人間たちの周りのエネルギーに働きかけています。私たちが幸せでいることで、多くの幸運を呼び寄せます。あなたたちが、そのエネルギーに波動を合わせれば、あなたたちも自分で、人生により多くの幸運を招くことができるでしょう。簡単なことですよ。

あなたたちは、人間のように、それぞれが魂を持っていますか？

もちろんです。

はっきりと断言します。ネコも人間と同じように、それぞれ個々の魂を持っています。あなたたちと同じく、私たちも、それぞれが生まれ変わるたびに進化しているのです。この世に生まれ、学び、成長するのです。私たちは、そのことを自覚しています。前世の記憶を持ち、生まれ変わり、生き、死に、また生まれるのです。

私たちから見ると、あなたたちがこの概念に疑問を抱くことの方が不思議です。考えてみてください。地球上のすべての生きものは生まれ、生き、死に、また生まれ変わります。どうして、人間だけがこの体験をしないと思うのでしょうか？ それは、あなたたちが肉体でしか物事を見ていないからでしょう。

　カシの木のＤＮＡはドングリに受け継がれ、同時に、木の意識と魂の一部も受け継がれます。同じように、人間のＤＮＡが子供に受け継がれるとき、あなたたちの魂の一部も受け継がれ、私たちのＤＮＡが子ネコたちに受け継がれるとき、私たちの魂の一部も受け継がれるのです。

　魂は、それまでの経験を記憶していて、それらは、すべて別個に体験したことであり、違う肉体で体験したことも、すべて覚えています。ですから、私たちは、みな、つながっているのです。

私たちが、霊界であなたたちと再会するとき、この世で障害を持っていたネコたちは、やはり、そのままの姿なのでしょうか？

その可能性は高いです。

これは、とても興味深い質問です。実は、それは、あなたたちがその時点で、どれだけ「解放する」ことができているかによります。

あなたたちが死に、魂が肉体から離れるとき、死んだことに「慣れる」時間が必要になります。この段階で、先立った、愛する人や動物に会うことが、あなたたちも死んでいる、ということを「知る」手だてとなります。

その、先だった人や動物を認識させるには、あなたたちが、その人や動物の、「生前の姿を見る」ことが必要な場合もあります。つまり、もし、先立った愛するネコが、生前、障害を持っていたとしたら、その魂は、あなたたちの前に、生前と同じ障害を持った姿で現れた方が、あなたたちに認識してもらいやすいのです。

あなたたちが、この世から解放され、肉体に宿っていたときの考え方や感情を捨て去るとき、あなたたちは、愛するネコ、イヌ、ウマ、そして人間の家族を、純粋な魂のエネルギーで認識できるようになります。

そして、「見る」ことが必要なくなる段階に達したら、この世を去ったあなたたちの魂は、先立った、愛するものたちの魂たちと、融合します。これが、私たちが天国を、「みなが一つになる場所」と呼ぶ理由の一つです。

瞑想をしますか？

もちろんします。あなたたちも瞑想するべきではありませんか？

時折、じっとして、心臓の鼓動を聞き、神とつながることは、とても大切なことです。私たちは、一日に何度も、スフィンクスのようなポジション、もしくは、前足を胸の下に折り込んだスタイルで座り、体の中や周りを流れる、神からのエネルギーに波長を合わせます。

瞑想をするときは、バランスが崩れている所がないか、自分の体を調べます。私たちは、自分の体の変化やエネルギーの変化を把握し、常に、何が起こっているかを把握しています。あなたたちも、その方法を学ぶことができるのです。今度、ネコが座って瞑想していたら、一緒に瞑想してみてください。あなたたちは、自分たちが思っている以上の存在であることに気づくでしょう。

自分の家族や友人を亡くすよりも、あなたたちネコを亡くす方が、心が痛むことがあるのは、どうしてでしょうか？

献身と愛情です。

私たちは、人間どうしが愛するのとは違った形で、あなたたちを愛します。私たちは、あなたたちの本当の素晴らしさを知っています。そして、あなたたちが、健康で健《すこ》やかに過ごせるよう、助けることに専念しています。あなたたちも、それを感じ、それがいかに素晴らしい行為であるか、分かっているのです。

私たちの愛は、人間どうしの関係とは違い、純粋で率直です。それだけに、私たちが、あなたたちのもとを去るとき、あなたたちは、深い悲しみを感じます、それは、私たちの愛が、あなたたちの心の奥深くまで触れていたからです。そして、私たちの存在自体が、本来の、純粋なあなたたち自身を思い出させるからです。

私たちは、あなたたちの本当の姿を知っています。どんな境遇にあろうとも、愛と光を失わない存在であるということを。

私たちが、あなたたちのもとを去ると、あなたたちは、こうした心の支えとなる頼みの綱を失ってしまいます。だからこそ、よりいっそう、心が痛むのです。

前世でも、私と一緒にいたことがありますか？
そうだとしたら、また戻ってきてくれますか？

同じ人間のもとに、何度も生まれ変わっているものが、たくさんいます。

あなたたちの中には、前世でも、何度もネコと一緒に生活を共にしていたと確信している人が、たくさんいます。彼らは、私たちネコとの深いつながりを感じています。私たちと共に歩んできたことを、あなたたちの細胞が記憶しているのです。

私たちは、あなたたちが歩む道のりに沿って、あなたたちを導き、支えてきました。

お互いにとって最高の関係であるならば、何度でも、あなたたちのもとに生まれ変わってきます。

どうして、死ぬ前にいなくなってしまうのですか？

死を迎えるときは、神とダンスを踊るときだからです。

死というのは、魂が肉体を離れ、再び神とつながることなのです。この過程を「独《ひと》りで」迎えると、神との特別な時間が持てるのです。

私たちは、魂が肉体を離れるとき、神と一緒に踊り、神の光に再び包まれていきます。私たちにとって、それは、独りで迎えたい瞬間なのです。

私たちは、基本的に、独りで行動する生きものです。独りで過ごす時間は、とても大切なのです！　だから、私たちがこの世を去るときは、人間と一緒にいるよりも、独りで死ぬために、いなくなってしまうことの方が多いです。

人間と一緒に死を迎えることを選ぶのは、その人が私たちの死を受け入れ、前に進み始めるためには、私たちがあなたたちと一緒に死を迎える必要がある場合です。

あなたたちは環境の変化に敏感ですが、肉体から離れて魂となっても、それは同じですか？ それとも、なかなか霊界に慣れない、ということがありますか？

いいえ。霊界も地上も同じです。

私たちにとっては、霊界も、この世の生活も、たいした違いはありません。私たちの魂が肉体を離れると、再び、神のもとに帰ることができるのです。

私たちの魂は、新しい体験をし、成長するために、肉体に宿って生活をします。肉体での生活は、ほんの一時的な生活環境であり、それは、あなたたち人間も同じです。

肉体は、やがて終わりを迎えますが、魂は生き続けます。私たちが肉体を離れると、魂は、「みなが一つになる所」に帰り、神と融合します。

死後、あなたたちの魂はどうなるのですか？

みなが一つになる所に戻ります。

あなたたちと同じように、私たちも天国に行きます。魂が体を離れると、すぐに光に引き寄せられていきます。鉄が磁石に引き寄せられるように、魂は光に吸い込まれていき、再び神と結びつくのです。私たちの魂は、愛（神）と融合するのです。個性を感じながら孤立しているのではなく、ただただ一体感を感じます。

私たちの体験から言えることですが、すべての生きものが再び融合する所があり、それは、人間のための天国、イヌの天国、ネコの天国、野生動物の天国などと、一つ一つ別々に存在しているのではありません。肉体を離れたとき、私たちはみな、再びつながり、神の愛に包まれるのです。

私たち人間の死が、間近に迫っているのが分かりますか？

もちろんです。

肉体が死にかけているときは、波長、もしくはエネルギーの流れが変わります。エネルギーが呼吸をしているみたいに、脈打ったり変動したりすることが多いです。

魂が、より明るく、大きくなります。死が近づくと、肉体のエネルギーが静かになり、魂が快活になります。そして、その時がきたら、魂が肉体から離れ、光へと旅立ちます。

私たちネコは、人間（もしくは動物）が死ぬときに、助産婦のような役目を果たす能力を持っています。死が訪れている人と一緒にいる場合、すぐそばにいたり、体に寄り添ったり、離れていたりと、常に適切な距離に座っています。

私たちは、霊界との橋渡しをするために、死が訪れている人のオーラに徐々に近づいて行きます。ここで、変動しているオーラに、愛と援助のエネルギーを送ります。

魂が肉体を離れるとき、私たちは、魂が光へと旅立つ際に連れ添えるよう、待機しています。もし、魂が、私たちの助けを必要とするなら、私たちの魂の一部が、人間の魂を光へと導きます。魂が完全に肉体を離れるのを見届けたら、付き添った魂の部分が私たちの体に戻り、元の生活に戻ります。

あなたたちの生態や、あなたたちの行動について、間違った思い込みをしていることがありますか？

私たちネコが、あなたたちと同じような考え方をすると思っていたら、困ったものです。

私たちは、人間とはまったく違います。あなたたちが私たちと付き合っていくうえで、できるだけ「私たちの立場」から、状況をとらえるようにしてください。

①まずは、私たちの体の大きさです。私たちは、常に私たちよりも大きな捕食動物のことを意識しているので、私たちの態度や本能は、それをもとに反応します。

②安心していられる心地よい場所があるというのが大切で、高い所に登ることができた

り、隠れられる場所への逃げ道があったりすると、嬉しいです。爪や体を鍛えるために、高い所に登る必要もあります。

③私たちは、単独で生きていく生きものです。ほかの生きもの（人間、ネコ、イヌなど）と団体生活をするのは、容易なことではありません。

④私たちは肉食動物であり、力強く成長するためには、新鮮な肉を食べなければなりません。

⑤私たちは、あなたたちの目には見えないエネルギーに働きかけています。

⑥客観的な愛、これが私たちの愛し方です。人間は、ネコたちは自立した生きものだという見方をしますが、この愛し方こそが、私たちが、あなたたちのエネルギーのバランスを整えてあげるための原則なのです。

⑦私たちは、人間と同じように、個別の魂を持ち、自由意志を持つ生きものです。

⑧私たちは、生き、死に、また生まれ変わることを、確信しています。

以上の事実を意識してくれれば、私たちのことをよりよく理解でき、共に生きていくための共通点を見つけ、歩み寄ることができるでしょう。

私たちがあなたたちから学べる、最も大切なことは何ですか？

見返りを求めない愛です。

私たちが人間界に贈る最高のプレゼントは、日々、あなたたちに注いでいる、見返りを求めない愛です。見返りを求めない愛とは、自分が受けることを要求することなく与える愛で、期待することはなく、義務感でもない愛です。

見返りを求めない愛は、調和のとれた、完全なる愛です。ネコたちが優れた治療家であるのは、この見返りを求めない愛を本質として生きているからです。この愛こそ、私たちに、自由と一体感を与えてくれます。人間たちが、この、見返りを求めない愛という考え方を心から受け入れれば、この世界は完成するのです。あなたたちは、そこに向けて、進化を続けているのです。

私たちは、常に神とつながり、神のエネルギーが体を流れているので、この本質を失わないのです。見返りを求めない愛を本質として生きることで、調和のとれた完全性を得られますが、これも、すべては、あなたたちのためなのです。

人間たちは、神とのつながりを失ってしまい、周りの人間、動物、植物、鉱物、母なる大地と、切り離された存在であると信じています。しかし、これは間違った考えです。この考えは、あなたたちに、悲しみと孤独感のみをもたらしました。何世紀にもわたって、あなたたちは、他者を支配する力を身につけることでこれらの感情を癒そうとし、心の空《むな》しさを、物理的なもので満たそうとしたのです。

最近になって、やっと、これまでの考えが間違っていたことに、気づき始めた人間が増えてきました。私たちは、あなたたちのために神とのつながりを保ち、あなたたちが再び神とつながる心の準備ができるときまで、あなたたちに付き添います。

私の人生において、人間の誰よりも、あなたのことを愛しているのは、なぜでしょう?

愛しやすいからです。

私たちの愛は、明確で、ありのままのあなたを受け入れるからです。人間どうしの愛のように、複雑ではないのです。私たちは、見返りの愛を要求しながらあなたたちを愛したりはしません。

私たちは、自分たちが愛されていることを知っています。私たちは、あなたたちが、この世で最も純粋なる、神の愛とのつながりを感じる手助けをするために、一緒にいるのです。

現時点では、人間よりも動物の方が神とつながっていますが、私たちに心を開いた人たちは、私たちの神の愛とのつながりを感じ、同じ愛を感じたいと望むようになります。私たちは、あなたたちと神をつなぐことができるのです。

ネコや動物を愛するのは大切なことですが、溺愛し過ぎるということはありますか？

愛し過ぎるなどということはありません。

愛とは、大きくすることに意味があるのです。愛を心と体で感じるとき、細胞が拡がり、より多くの光を体に受け入れることができるのです。その体から発せられる愛は、それに触れるすべての生きものに、より多くの愛と光をうながします。

愛とは独占するものではなく、受け入れるものです。分けへだてした愛し方をする人は、別離と限界を作り出してしまい、周りの人間から避けられるようになります。

「愛し過ぎる」などということはありませんが、愛することで周りが見えなくなってしまうというのは、心配です。

私たち人間に伝えたいメッセージがありますか？

愛を受け入れ、人生を思う存分に生き、楽しんでください。

それが、私たちの願いです。

今後、私たちとあなたたちの意志の疎通は、どうなると思いますか？

未来は明るいと思います！

私たちは、すべての生きものにとって、ワクワクする時代に生きているのです。この地球そのものが、大きな転換の時期を歩んでいて、何かを卒業するような感じです。目覚めのときです。日々、より多くの人間が深い眠りから目覚め始めています。人々は、お互いにコミュニケーションをとることでつながり始め、何が本当に大切なことかを考え始めています。あなたたち人間は、孤立した生きものではなく、同じ地球上で生活している生きものに愛され、支えられていることに気づき始めたのです。

私たちは、近い将来、多くの人間たちが孤立という殻《から》を破り、すべての生きものとのつながりを、愛《いと》おしいと感じるようになると、確信しています。あなたたちは、いかに、すべての物質、すべての組織、すべての社会、すべての生きものが結びついているか、理解し始めています。みなが幸せに生きていくために、共に協力し合うことが、どれほど強力なことかを感じ始めています。一人、また一人、共に立ち上がり、新しい社会を築いていけば、世の中を改善することができるということを学んでいます。

あなたたちは、本当に自分が成すべきことを実現させるために、今までになく、霊界からの支援を受けています。この進行が勢いを増せば、あなたたちは、もっともっと、すべての動物の、本当の姿を知ることができるでしょう。そして、その理解力が増すごとに、あなたたちは、私たちを大切に思い、私たちの能力を尊重し、思いやってくれるでしょう。

そして、私たちは、みな仲良く、健康に、バランスの取れた生活を送ることができるでしょう。世の中は、今、目の前で大きな変化を遂げています。本当に素晴らしいことです。やっと、そのときがやってきたのです。これほどの喜びはありません！

ネコと共に

この本は、私が人生を通じて出会ったネコたちと、ネコを愛し、ネコに愛された、すべての人に捧げる本です。謎めいたネコたちが、その世界の一端を見せてくれ、私たちのために活用している、素晴らしい能力のいくつかを説明してくれました。面白いことに、ネコたちの答えは、読み直すたびに、新たな発見があります。

ここで、ネコの霊団（魂の代表者）からのメッセージです。

〝最愛なる人間たち、私たちは、あなたたちが、私たちと共に生き、私たちを愛し、大切に思ってくれることに感謝します。

あなたたちの人生を共に歩み、私たちの治癒のエネルギーと能力で、あなたたちを助け、導き、支えられることを、誇りに思います。

これからも、すべての生きものの幸せのために、共に歩んで行けますように。そして、一緒にゴロゴロと喉を鳴らしながら、くつろぐ時間を過ごせますように！〟

読者のみなさんが、ネコと友に人生の旅を続けるにあたり、何度もこの本を読み返してくださいますように。

訳者あとがき

皆さんは、「私は、いったいどこから来たのだろう？」とか、「死んだら、どこに行くのだろう？」と考えたことはありますか？

私は、生まれつき単純で、人の言ったことをまじめにとらえる性格のため、テレビなどで動物を使って涙を誘うタイプのコマーシャルを見ては、ウルウルと泣いてしまうありさまで、主人にも、よく笑われます。

子供の頃は、父の話す冗談を、まじめに聞いていたものでした。例えば、三歳の頃、初めて新幹線に乗せてもらった時には、父に、「いいか、新幹線は早いぞ！　乗ったと思ったら、もう着いてるからな！」と言われ、そんな言葉に、目をキラキラ輝かせて、感動しながら新幹線に足を踏み入れたのを覚えています。「どんなにすごい乗りものなんだろう！」と。今でも、新幹線に乗るとワクワクするのは、そんな思い出があるからでしょう。

そんな冗談好きな父が、ある日、まじめな顔で、素敵な絵本を見せてくれました。そこには、ライオンとヒツジ、そのほかの動物が、みな一緒に横たわっている、とてもきれいな絵が描かれていました。

父は、「天国は、こうして、みんなが仲良くいられるところなんだ」と教えてくれ、私は、ライオンがヒツジを食べたりせず、みんなが仲良く暮らせる、こんないいところなら、天国に行くのが楽しみだ、と心から嬉しく思ったのを覚えています。

父（翻訳家の近藤千雄《こんどうかずお》）は、「スピリチュアリズム」という思想（哲学）の研究・翻訳に人生を捧げた人でした。生前、父とは、死後の世界についても、普通に、日常会話の一部として話していました。ですから、私にとっては、「死んでも魂は生き続ける」というのが当たり前で、それが「常識」でした。死ぬのが怖くないかと聞かれれば、まったく怖くないとは言いませんが、人間の死亡率は百パーセント、避けては通れない道です。

「私は、魂の成長のために、この地球に、肉体をまとって勉強に来ている。魂の成長には、喜怒哀楽、いろんなことを経験するのが定めであり、出会いがあれば、必ず別れが来る。でも、その別れは、単にこの地球上での別れであり、永遠の別れではない。そして、魂がこの肉体を離れる時、先に旅立った人たちや動物たちと、再び会える」そう信じています。「そんなこと、本当かどうかなんて、分からないじゃないか」と思われるかもしれません。その通りです。でも、何を信じるかは、本人しだいです。

ある日、映画を見ていたら、少女が祖母に、「人は死んだらどうなるの?」と聞くシーンがあり、祖母は少女に、「人間には魂があると信じている」と話していました。少女は、以前、父親に同じ質問をしたとき、「死んだら最後、自分というものはなくなってしまう」と言われていたため、祖母から、「魂は生き続けると信じている」と聞かされ、ホッとして泣いてしまいます。死んだら最後、消滅してしまうなんて、どんなに悲しく、恐ろしいことでしょう。私だったら、生きる意欲さえなくなってしまうかもしれません。

私は、魂が生き続け、成長を続けると考えた方が、この人生を一生懸命に生きていけると思うのです。それに、これまで生きてきて、いろんな不思議な出来事にもあい、「私たちはスピリチュアルな存在である」と考える方が、つじつまが合い、納得できるのです。

魂は目に見えない、けれど、目に見えないから存在しないわけではありません。空気や風は、見えないけれど存在します。愛も勇気も、目に見えないけれど、存在します。

私は、ネコやイヌが、あんなに無邪気で純真な生きものでいられるのは、彼らが、常に神様とつながっていて、魂の存続を自覚して生きているからだと信じています。いつも、彼らのように生きられたらどんなにいいだろう、と思うのですが、現実は、なかなかうまくいきません。それでも彼らは、日々、一生懸命に、お手本を示してくれています。

ネコやイヌと一緒に生活をしたことがある人は、みな、彼らの魅力の虜《とりこ》になり、彼らの愛に心を打たれます。それは、私たちの魂が、彼らの魂に「共鳴」するからではないでしょうか。それだけに、別れが訪れる時、心と体で感じる痛みは、言葉では言い表せないほどのものです。

私も、何度もその痛みを乗り越えてきました。今、一緒に生活するイヌたちとも、いつかは別れが訪れます。でも、それは永遠の別れではなく、私の魂が卒業式を迎えるまでの、一時的な別れです。抱きしめてあげられなくなるのは寂しいけれど、また抱きしめてあげられる日は、必ず来ます。人間も動物も、一度愛でつながったら、必ず、また会えます！

こんなに素晴らしい生きものなのに、どうしてもっと長く生きられないんだろうと思うこともあります。でも、ネコやイヌは、一度私たちと生活をすると、私たち無しでは、生きていくのが大変になります。彼らを愛しているからこそ、私が先に死んでしまうより、私が最後まで看取ってあげられる方が、彼らがくれる愛への恩返しができると思うのです。

悲しみに耐えられなくて、ペットロスに苦しまれる方も多くいらっしゃると思います。でも、一緒に生活をしていたネコやイヌたちにもらった、たくさんの愛と笑顔を無駄にしないためにも、頑張って悲しみを乗り越えてくださいさい。そして、もし可能であれば、再び愛することを考えてください。人間との生活を待ち望んでいるネコやイヌが、世の中にはたくさんいるということを、どうか忘れないでください。

みなさんに、たくさんの愛との出会いがありますように!

三早江《みさえ》・K・ジェニングス

◇著者◇
ケイト・ソリスティ（Kate Solisti）
アメリカ・コロラド州在住。生まれつき、すべての生きものとコミュニケーションがとれる能力を持つ。これまで20年以上にわたってアニマル・コミュニケーターとして活躍し、全米およびヨーロッパ各地で、動物たちの健康問題、行動上の問題、トラウマの治癒など、人間と動物が共に暮らしていくためのカウンセリングをおこないつつ、動物たちの心・体・魂、すべての面においての治療に取り組んでいる。彼女の望みは、動物たちの考えや気持ちを、彼らに代わって伝えることにより、この地球とすべての生きものが、人類と協力し合い、より健康で、より幸せな生活を営めるようになることである。著書に『あの世のイヌたちが教えてくれたこと』（ハート出版）がある。
http://www.katesolisti.com/

◇訳者◇
三早江・K・ジェニングス（Misae K. Jennings）
広島県出身。高校卒業後に渡米して、アメリカの大学に入学。卒業後は、現地の日本法人や、ディズニーワールドでの通訳のほか、日本人アーティストの通訳なども担当。現在は、米国系の航空会社でフライトアテンダントとして勤務しつつ、家族と、アメリカ・ジョージア州に在住。

カバー写真：© artlist/amanaimages

あの世のネコたちが教えてくれたこと

平成28年6月29日　　第1刷発行

著　者　ケイト・ソリスティ
訳　者　三早江・K・ジェニングス
装　幀　フロッグキングスタジオ
発行者　日高裕明
発　行　株式会社ハート出版
〒171-0014 東京都豊島区池袋3-9-23
TEL03-3590-6077　FAX03-3590-6078
ハート出版ホームページ　http://www.810.co.jp

乱丁、落丁はお取り替えします。その他お気づきの点がございましたら、お知らせください。

ISBN978-4-8024-0020-6
印刷・製本 中央精版印刷株式会社

あの世のイヌたちが教えてくれたこと

天国から届いたスピリチュアルな愛のレッスン

全米で活躍中のアニマル・コミュニケーターが
「あの世」のイヌたちから聞いた、心と魂の真実。

ケイト・ソリスティ 著　三早江・K・ジェニングス 訳
ISBN978-4-8024-0009-1　本体 1600 円

ペットがあなたを選んだ理由

犬の気持ち・猫の言葉が聴こえる摩訶不思議

出逢った意味、幸せな日々、気づきの別れ、ペット
ロスへの寄り添い方、後悔しない供養と祈り――

高野山真言宗僧侶／心理カウンセラー　塩田妙玄 著
ISBN978-4-89295-917-2　本体 1600 円

ローレン・マッコールの 動物たちと話そう

アニマル・コミュニケーション

特殊な能力は不要。著者独自の方法で、亡くなった
ペットともコミュニケーションをとることが可能に。

ローレン・マッコール 著　石倉明日美＆川岸正一 訳
ISBN978-4-89295-684-3　本体 1600 円

【新装版】シルバーバーチ 今日のことば

1920 年から 60 年間の長きにわたり、霊界の真実と
人生の奥義を語ってきたスピリット「シルバーバー
チ」。その珠玉の名言集から、スピリチュアル翻訳の
第一人者・近藤千雄が厳選した、究極の「ベスト・
セレクション」が、新装版で復活。

近藤千雄 訳編
ISBN978-4-8024-0015-2　本体 1500 円